Conoce todo sobre cómo domesticar tu Mac

Conoce todo sobre cómo domesticar tu Mac

Juan Carlos Moreno Pérez
Arturo Francisco Ramos Pérez

La ley prohíbe
fotocopiar este libro

Editado por:
RA-MA Editorial
Madrid, España

Colección American Book Group - Informática y Computación - Volumen 53.
ISBN No. 978-168-165-762-2
Biblioteca del Congreso de los Estados Unidos de América: Número de control 2019935235
www.americanbookgroup.com/publishing.php

Maquetación: Gustavo San Román Borrueco
Diseño Portada: Antonio García Tomé
Arte: Yeven_popov / Freepik

A nuestras hijas, Carmen y Emma.

Agradecimientos a Luis Alberto, Francisco, Loli y Jesús.

ÍNDICE

INTRODUCCIÓN

Este libro está dirigido tanto a todas aquellas personas que son nuevas en el mundo Mac y quieren comenzar a trabajar con el sistema teniendo una idea clara de sus posibilidades, como a aquellas personas que aun conociendo el sistema quieren mejorar sus conocimientos sobre el mismo profundizando en temas como la administración, automatización, *tethering*, gestión de impresoras, realización de copias de seguridad, mantenimiento del Mac, hardware y conectividad, etc.

En la estructuración de los capítulos se ha procurado ir introduciendo al lector de forma progresiva en el entorno de Mac OS X, para a continuación partir de las herramientas básicas de administración e instalación de software y posteriormente ir avanzando hacia utilidades y herramientas más potentes.

Se incluyen además algunos aspectos no muy conocidos por los usuarios de Mac OS X que pueden resultar sorprendentes incluso para el usuario habitual.

En resumidas cuentas, este libro está orientado a usuarios desde un nivel mínimo o básico hasta usuarios con un nivel medio que aun conociendo el sistema desean sacarle el máximo partido.

Capítulo 1

LA INTERFAZ DE MAC OS X

En este capítulo trataremos los componentes esenciales en la interfaz de Mac OS X Mountain Lion, aprenderemos a movernos por el escritorio y nos familiarizaremos con el entorno.

La interfaz de Mac OS X también es conocida como **Aqua**. Aunque ha ido evolucionando desde su aparición, sigue manteniendo entre sus principales características el uso del Dock para acceder fácilmente a las aplicaciones, y los característicos botones rojo, amarillo y verde para cerrar, minimizar o restaurar la ventana.

1.1 EL ESCRITORIO

En el **Escritorio** nos encontramos con los siguientes elementos:

- **Barra de menús**. Situada en la parte superior del escritorio, dentro de ella tenemos:

    - **Menú de Apple**. Representado por el icono de una manzana. A través de él podemos actualizar el software, acceder a Preferencias del sistema, apagar el equipo…

    - **Menú de la aplicación activa**. A diferencia de otros sistemas operativos, el menú de cada aplicación no se encuentra en la ventana de dicha aplicación, sino que pasa a formar parte de la barra superior.

- **Icono de Spotlight**. Al pulsar sobre él se mostrará un cuadro de texto donde introducir nuestras búsquedas.

- **Icono del Centro de notificaciones**. Desde aquí se nos avisará sobre actualizaciones, alertas de calendario, mensajes, etc.

• **Área de trabajo**, también se hace referencia a esta zona directamente como **Escritorio**. Es el espacio donde se muestran las ventanas de las aplicaciones abiertas.

• **El Dock**. Se encuentra en la parte inferior y nos permite acceder a las aplicaciones, carpetas o archivos abiertos.

Figura 1.1. Vista del escritorio

Existe la posibilidad de agrupar varias carpetas o archivos en el escritorio y organizarlos dentro de una nueva carpeta, para ello basta con seleccionar los elementos que queremos organizar y pulsar **Control + clic** en uno de los elementos seleccionados, en el menú de función rápida elegimos **Nueva carpeta con la selección**. Tras dar un nombre a la nueva carpeta tendremos los archivos dentro de ella.

1.2 EL DOCK

El **Dock** es una barra de iconos que se sitúa en la parte inferior de la pantalla. Permite acceder de forma sencilla a una serie de aplicaciones predeterminadas, a las aplicaciones que usemos más frecuentemente, a las aplicaciones en ejecución que han sido minimizadas y a la **Papelera**.

Figura 1.2. Dock

Cuando una aplicación del **Dock** se está ejecutando, se muestra un guión iluminado debajo de su icono, si hemos cambiado de aplicación y queremos volver a otra bastará con hacer clic en el icono correspondiente del **Dock** y veremos cómo su nombre aparece en la barra de menús junto al logotipo de Apple.

Al abrir otras aplicaciones que no estén en el **Dock**, sus iconos van ocupando un lugar en el mismo, esto implica que si tenemos un número considerable de aplicaciones abiertas, el **Dock** crecerá proporcionalmente.

Podemos distinguir dos zonas diferenciadas en el **Dock**: la parte izquierda, donde se encuentran las aplicaciones, y la parte derecha, donde se localizan las pilas o *stacks*, las ventanas minimizadas y la papelera. Si nos fijamos con atención observaremos una línea vertical que las separa.

Para acceder a las opciones de nuestro **Dock** tenemos varías vías:

- A través de Preferencias del sistema – Dock.

- Hacer clic con la tecla de **Control** pulsada o clic derecho sobre la barra del **Dock**: aparece un menú contextual desde el cual pulsaremos **Preferencias del Dock**. Además podemos realizar otras acciones, de forma más directa, como activar o desactivar la ocultación automática del **Dock**, activar o desactivar la ampliación de los iconos del Dock al pasar el ratón sobre ellos, cambiar la posición del **Dock** en la pantalla o cambiar el efecto de minimización de las ventanas.

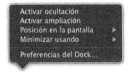

Figura 1.3. Menú contextual del Dock

- A través del menú Apple (icono de la manzana, situado en la barra superior), elegimos **Dock** y dentro de él **Preferencias del Dock**.

Una vez que accedemos a las **Preferencias del Dock**, de cualquiera de las formas anteriores, veremos la siguiente ventana:

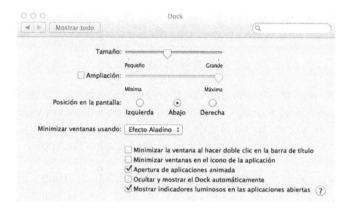

Figura 1.4. Preferencias del Dock

En ella establecemos los siguientes parámetros:

- El tamaño de los iconos del Dock.

- La activación o desactivación de la ampliación de los iconos y el grado de la misma.

- La posición del Dock en la pantalla: izquierda, abajo o derecha.

- El efecto que se aplicará al minimizar las ventanas: Aladino o a escala.

- Permitir que las ventanas se minimicen al hacer doble clic en la barra de título.

- Permitir que las ventanas se minimicen en el icono de la aplicación, en lugar de en su posición habitual (entre las pilas y la papelera).

- Activar la animación de los iconos al abrir una aplicación. Al activar esta animación, si pulsamos en el icono de una aplicación, este se elevará de su posición y a continuación volverá a su lugar.

- Activar la ocultación automática del Dock. El Dock desaparece y retorna en caso de que acerquemos el cursor a la zona donde se oculta.

- Mostrar los indicadores luminosos en las aplicaciones abiertas (el guión iluminado del que hablamos al principio).

1.2.1 Las pilas

Una pila es un componente del **Dock** que facilita el acceso al contenido de una carpeta, de esta forma al pulsar sobre una pila veremos los archivos y carpetas que contiene describiendo un arco de curva (abanico), en una distribución en forma de tabla con filas y columnas (retícula) o en forma de lista. Es posible escoger entre estos tres modos de visualización o dejarlo en modo automático, en ese caso se mostrará en abanico o retícula dependiendo del número de elementos que contenga la carpeta. Estos modos de visualización son configurables pulsando **Control** + **clic** o el botón derecho del ratón sobre la pila.

Figura 1.5. Pila en abanico

Desde estas opciones de configuración podremos, además de establecer el modo de visualización, ordenar los elementos por Nombre, Fecha de inclusión, Fecha de modificación, Fecha de creación o Clase (tipo de archivo); cambiar el aspecto del icono, que puede ser el icono de una carpeta o un icono con la apariencia de una pila de iconos con los contenidos de la carpeta. Desde **Opciones** podremos eliminar la pila del Dock o mostrar la carpeta dentro del Finder.

Figura 1.6. Opciones de configuración de una pila

1.3 FINDER

El **Finder** nos permite acceder a cualquier elemento de nuestro Mac, desde archivos y carpetas hasta aplicaciones o unidades de DVD.

En la barra lateral izquierda del Finder podemos observar que los elementos se agrupan por categorías: **Favoritos**, **Compartidos** y **Dispositivos**.

- La categoría **Favoritos** incluye enlaces predefinidos a las principales carpetas del sistema: Aplicaciones, Escritorio, Documentos, Descargas, Películas, Música e Imágenes.

- En la categoría **Compartidos** podremos acceder a los equipos que están conectados a nuestra misma red.

- En **Dispositivos** aparecerán los volúmenes que están montados y son accesibles, como pueden ser discos duros, unidades USB, DVD, etc.

En la barra superior tenemos los **botones de visualización** que nos permiten:

- **Ver los archivos y carpetas como iconos**. En este caso podemos tener vistas previas de los iconos en vivo de forma que podemos echar un vistazo a un documento o a una película.

- **Ver los archivos y carpetas como lista**. En este caso veremos el nombre de los archivos junto con información como la fecha de modificación, el tamaño o la clase.

- **Ver los archivos y carpetas como columnas**. Si elegimos esta opción veremos los distintos niveles de carpetas por columnas, debemos pulsar sobre la carpeta para visualizar el contenido de la misma en la siguiente columna.

- **Disponer de la visualización Cover Flow**. Con esta vista tendremos una vista previa de los archivos junto con información de los mismos en la parte inferior.

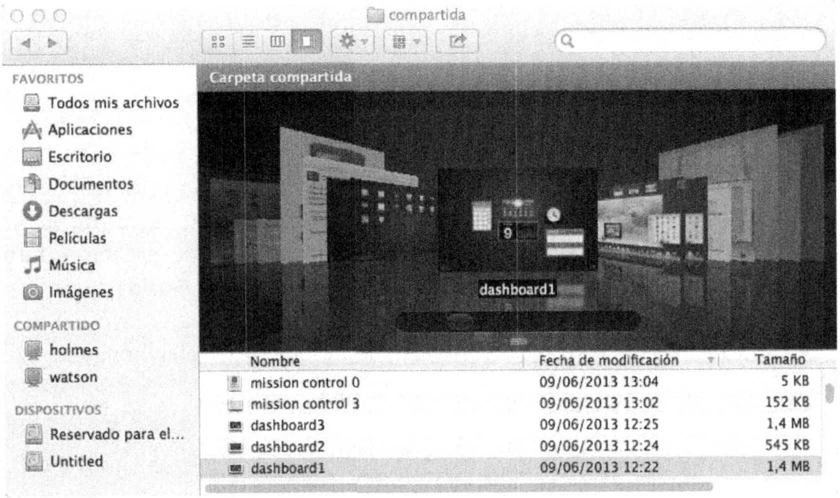

Figura 1.7. Visualización Cover Flow en el Finder

Junto a los **botones de visualización** se encuentra el **menú de acciones** a través del cual podremos crear una carpeta nueva, abrir el archivo o carpeta, abrir un archivo con un programa determinado, moverlo a la papelera, obtener información del archivo o carpeta, comprimirlo, grabarlo en disco, duplicarlo, crear un alias (esto es equivalente a crear un acceso directo), realizar una vista rápida, copiar, organizar la carpeta, mostrar las opciones de visualización o cambiar el color de fondo de la etiqueta para destacar el archivo o la carpeta sobre el resto de elementos.

```
Carpeta nueva
Abrir
Abrir con                                    ▶

Trasladar a la Papelera

Obtener información
Comprimir "texto de prueba"
Grabar "texto de prueba" en el disco...
Duplicar
Crear alias
Vista rápida de "texto de prueba"

Copiar "texto de prueba"

Organizar por                                ▶
Mostrar opciones de visualización

Etiqueta:
[×] ■ ■ ◌ ◌ ◌ ◌ ◌
```

Figura 1.8. Menú de acciones del archivo "texto de prueba"

El siguiente botón de la barra de herramientas permite establecer cómo se van a organizar los archivos (por nombre, clase, aplicación, fecha de la última apertura, fecha de inclusión, fecha de modificación, fecha de creación, tamaño, etiqueta) o no establecer ningún tipo de organización (escoger **Nada**).

El último botón sirve para compartir los elementos seleccionados a través de correo electrónico, mensaje, Twitter, Facebook o Flickr.

```
🖾 Correo electrónico
🗨 Mensaje
🐦 Twitter
f  Facebook
•• Flickr
```

Figura 1.9. Menú del botón Compartir

Es posible modificar la configuración de esta barra de herramientas desde **Visualización – Personalizar barra de herramientas**. Podemos añadir nuevos botones o restablecer el bloque de opciones establecidas por defecto.

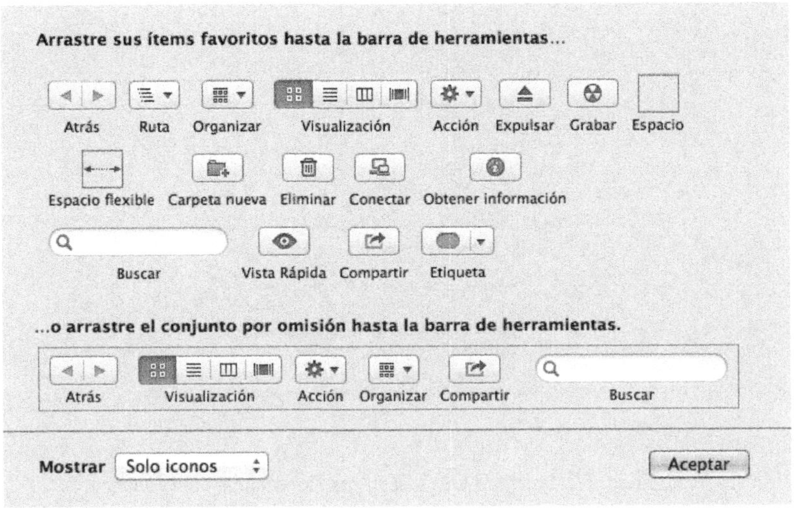

Figura 1.10. Opciones de personalización de la barra de herramientas del Finder

1.3.1 Preferencias del Finder

Desde la barra de menús accedemos a **Finder – Preferencias**. Aparecerá una ventana con cuatro botones en la parte superior:

- **General**. En este apartado podemos establecer qué elementos se mostrarán en el escritorio: discos duros, discos externos, discos CD, DVD e iPod o servidores conectados. También se configura qué contenido se muestra al pulsar en **Nueva ventana** (aquí podemos poner cualquier carpeta de nuestra elección). A continuación tenemos la opción de activar la casilla para que cuando abramos una carpeta lo haga en una ventana nueva. Por último, podemos configurar el tiempo de espera de la apertura automática de carpetas y ventanas. La apertura automática tiene efecto cuando arrastramos un archivo hacia una carpeta y este produce la apertura de la misma en una nueva ventana, lo cual facilita mucho mover los archivos. También es posible desactivar esta última opción.

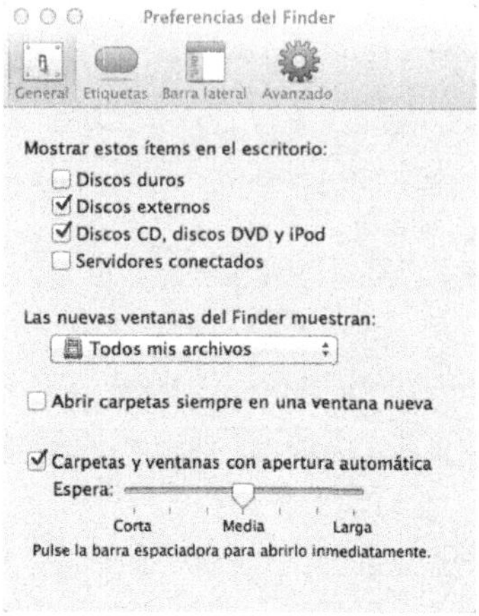

Figura 1.11. Apartado General de las Preferencias del Finder

- **Etiquetas**. Anteriormente vimos que se puede establecer un color de fondo para la etiqueta de un archivo o de una carpeta, en este apartado de configuración podemos establecer nombres para relacionarlos con los colores; así, podríamos escribir "Importante" para las etiquetas de color rojo, o "Personal" para las etiquetas de color verde, por ejemplo.

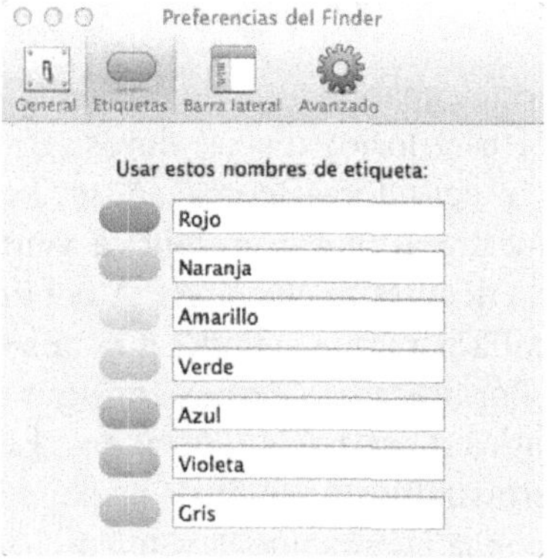

Figura 1.12. Nombres de etiqueta en el Finder

- **Barra lateral**. En este apartado podemos indicar qué elementos se mostrarán en el panel lateral izquierdo, recuerda que los elementos se agrupan en tres bloques: **Favoritos**, **Compartido** y **Dispositivos**.

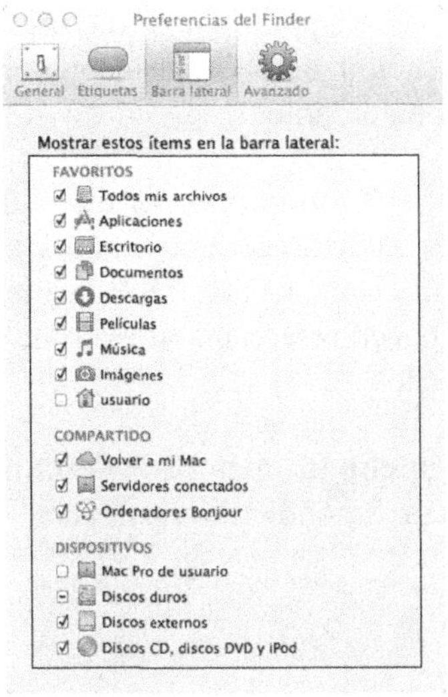

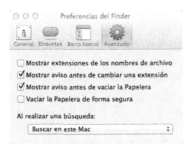

Figura 1.13. Estableciendo los ítems en la barra lateral

- **Avanzado**. En este último apartado podemos habilitar que se muestren las extensiones de los nombres de archivo (.pages, .jpg, .avi, etc.), que nos avise antes de cambiar una extensión, que muestre un aviso antes de vaciar la papelera o de vaciar la papelera de forma segura (esta opción elimina completamente los archivos del disco duro). También establecemos dónde realizará las búsquedas, que puede ser en todo el Mac, en la carpeta actual o en el alcance de la búsqueda anterior.

Figura 1.14. Preferencias avanzadas del Finder

1.4 LAUNCHPAD

El **Launchpad** nos proporciona una forma fácil de acceder a las aplicaciones al estilo del sistema operativo iOS utilizado por los iPhone e iPad. De esta forma, al acceder al **Launchpad** se desplegarán a pantalla completa todas nuestras aplicaciones, además dispondremos de un campo de búsqueda para facilitar el acceso a la aplicación deseada, esta opción es muy interesante si el número de aplicaciones es considerable.

Al igual que en iOS, el **Launchpad** permite agrupar diversas aplicaciones en una carpeta y en la parte inferior veremos tantos puntos como páginas tenga nuestro **Launchpad**, el punto blanco muestra la página activa, mientras que los puntos de tonos más tenues hacen referencia al resto de páginas a las que podemos acceder haciendo clic sobre ellos.

Si accedemos al **Launchpad** mientras se está descargando o actualizando una aplicación, el icono correspondiente aparecerá con una barra blanca de progreso.

Figura 1.15. Acceso a las aplicaciones a través de Launchpad

Podemos organizar el **Launchpad** a nuestro gusto de la siguiente forma:

- **Creando carpetas**. Para ello basta arrastrar un icono sobre otro, cuando veamos que aparece la carpeta soltamos el icono y la carpeta se habrá creado. Podemos cambiar el nombre de la carpeta haciendo clic sobre él y escribiendo el nuevo nombre, para finalizar pulsamos **Intro**.

- **Añadiendo iconos a las carpetas**. En este caso arrastramos el icono a la carpeta, esta se abrirá y situaremos el icono en la ubicación deseada. Si no hay huecos para la aplicación es que la carpeta está llena.

- **Eliminando iconos de las carpetas**. Basta con arrastrar el icono fuera de la carpeta y ubicarlo en la página deseada de Launchpad.

- **Eliminando carpetas**. En esta ocasión arrastraremos todos los iconos fuera de la carpeta.

- **Moviendo iconos entre páginas**. Arrastramos el icono a la página deseada y lo soltamos.

- **Creando nuevas páginas**. Arrastramos un icono hacia el borde derecho de la pantalla y lo mantenemos hasta que aparezca una nueva página.

- **Eliminando páginas**. Arrastramos todos los iconos a otra página.

También es posible eliminar aplicaciones, que hayan sido instaladas a través de **App Store**, desde **Launchpad**, pero eso lo trataremos en el capítulo 3.

1.5 MISSION CONTROL

Mission Control nos permite ver todas las ventanas abiertas en nuestro Mac. Para ello basta con deslizar tres dedos hacia arriba en el *trackpad*, hacer clic en el icono de **Mission Control** en el **Dock**, pulsar la tecla **F3** o la combinación de teclas **Fn** + **F9**, al realizar cualquiera de estas acciones se alejará el escritorio y aparecerá Mission Control.

Dentro de **Mission Control** podemos distinguir los siguientes elementos:

- En la parte superior aparecen el **Dashboard** (aunque podemos hacer que no aparezca, como veremos a continuación), los distintos escritorios y las aplicaciones a pantalla completa.

Figura 1.16. Vista de Mission Control con varios escritorios

- En la parte superior derecha, al acercar el cursor, aparece un símbolo +, es el botón para añadir un nuevo escritorio. Podemos pulsar sobre él para añadir un nuevo escritorio o arrastrar una ventana o icono de aplicación, con lo cual, además de crear un nuevo escritorio, la ventana o icono arrastrado se situará en él.

- En la zona central veremos las ventanas de aplicación, al mover el cursor sobre ellas se resaltan y al hacer clic sobre una de ellas, esta pasará a primer plano.

Figura 1.17. Detalle de las ventanas de aplicación

Es posible configurar **Mission Control** desde **Preferencias del sistema**, dentro del bloque **Personal**. Desde aquí podremos habilitar las siguientes opciones:

- **Mostrar Dashboard como un espacio**. Activar esta opción permitirá que el Dashboard aparezca en la parte superior de Mission Control, igual que si de un escritorio se tratase. Además, al acceder al Dashboard, este mostrará su propio fondo, en lugar de un fondo transparente como ocurría en versiones anteriores de Mac OS X.

- **Reordenar espacios automáticamente en función del uso más reciente**. Si hemos creado varios espacios de trabajo se ordenarán en función de su uso para facilitar el acceso.

- **Al cambiar de aplicación, ir a un espacio con ventanas abiertas de la aplicación que desee activar**. Activaremos esta opción si queremos que al abrir una aplicación que ya está abierta en otro escritorio nos lleve automáticamente a dicho escritorio.

- **Agrupar ventanas por aplicación**. Si hay varias ventanas abiertas de una misma aplicación, estas se mostrarán agrupadas dentro de Mission Control.

Además podemos configurar una serie de funciones rápidas de teclado y ratón:

- **Mission Control**. Muestra Mission Control.

- **Ventanas de la aplicación actual**. Muestra todas las ventanas abiertas de la aplicación actual.

- **Mostrar escritorio**. Muestra el escritorio ocultando las ventanas que estén abiertas.

- **Mostrar el Dashboard**. Como veremos en el siguiente apartado, **F12** es la tecla por defecto para acceder al Dashboard.

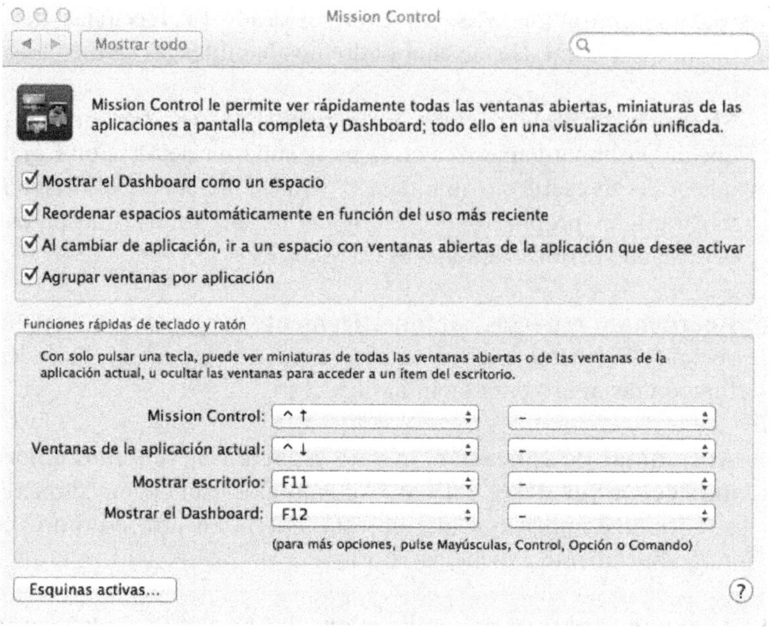

Figura 1.18. Configuración de Mission Control

En la parte inferior izquierda está el botón **Esquinas activas**, pulsando sobre él aparece una ventana desde la cual podemos configurar qué acción se realizará al pasar con el ratón por cualquiera de las cuatro esquinas del escritorio, las acciones que podemos configurar son:

- Abrir Mission Control.

- Mostrar las ventanas de la aplicación actual.

- Mostrar el escritorio.

- Mostrar el Dashboard.

- Mostrar el Centro de notificaciones.

- Abrir el Launchpad.

- Iniciar el salvapantallas.

- Desactivar el salvapantallas.

- Poner la pantalla en reposo.

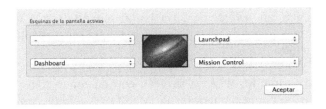

Figura 1.19. Ejemplo de configuración de las esquinas del escritorio

1.6 DASHBOARD

El **Dashboard** permite acceder de forma fácil a miniaplicaciones, también llamadas *widgets*. Hay varias formas de acceder al **Dashboard**:

- Pulsando la tecla de acceso rápido **F12**.

- Configurando previamente las esquinas activas para que al pasar el ratón por una de ellas accedamos al **Dashboard**, tal y como vimos en el apartado anterior.

- A través de **Mission Control**, haciendo clic en el **Dashboard** (siempre que la opción **Mostrar el Dashboard como un espacio**, dentro de las opciones de **Mission Control**, esté activada).

- A través del **Launchpad**, pulsando en el **Dashboard**.

Figura 1.20. Vista del Dashboard con diversos widgets

Para cambiar un *widget* de sitio basta con arrastrarlo con el ratón, si queremos activar cualquiera de ellos solo tenemos que seleccionarlo haciendo clic sobre el *widget* elegido.

Si queremos que los *widgets* se vean con un fondo transparente sobre el escritorio, como en versiones anteriores de Mac OS X, simplemente tenemos que desactivar la opción **Mostrar el Dashboard como un espacio**, dentro de **Preferencias de sistema – Mission Control**, como ya vimos en el apartado anterior.

Finalmente, para salir del **Dashboard** podemos:

- Volver a pulsar la tecla **F12**.

- Pulsar el botón inferior con un símbolo de flecha.

1.6.1 Añadir y eliminar *widgets*

Si observas la pantalla del **Dashboard** verás que en la parte inferior izquierda se encuentran los botones **Añadir** (+) y **Eliminar** (-), estos nos permitirán añadir nuevos *widgets* o eliminarlos del **Dashboard**.

Al pulsar en el botón **Añadir** accederemos al **Navegador de widgets**, el cual nos permite ver todos los *widgets* disponibles.

Figura 1.21. Navegador de widgets

Si pulsamos en **Más widgets...** se abrirá una ventana del navegador **Safari** con la que accederemos a la página de Apple destinada a la descarga de estas miniaplicaciones para el **Dashboard**. Las encontraremos clasificadas por categorías y con una breve información sobre las mismas. Bastará con seleccionar el *widget* y pulsar en **Download**, nos pedirá una confirmación para instalarlo y se añadirá al **Navegador de widgets**.

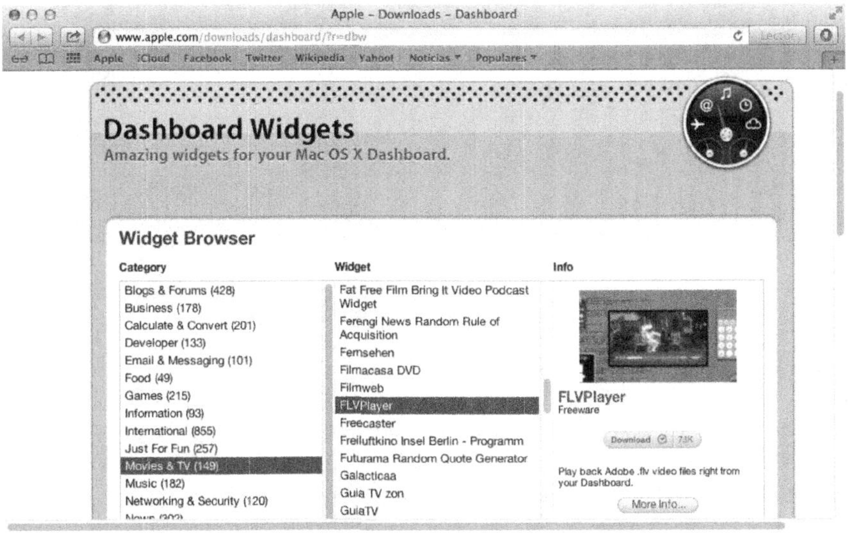

Figura 1.22. Descarga de widgets desde Safari

Si pulsamos en uno de los nuevos *widgets* agregados al **Navegador**, se añadirá al **Dashboard**.

Para eliminarlos pulsaremos en el botón **Eliminar**, a continuación observaremos que aparece un botón redondo con una *X*; si pulsamos en dicho botón, el *widget* desaparecerá del **Dashboard**, aunque seguirá apareciendo en el **Navegador de widgets** para añadirlo cuando sea necesario. También podemos eliminar *widgets* del **Navegador** por el mismo método, pero solo los que hayamos instalado nosotros.

*Figura 1.23. Vista del Dashboard después de pulsar el botón **Eliminar***

1.6.2 Personalizar los *widgets*

Los *widgets* personalizables tienen un pequeño botón de información con una *i* que aparece cuando pasamos el ratón sobre ellos. Si pulsamos sobre dicho botón accederemos a las opciones de configuración del *widget*.

Figura 1.24. Widget Tiempo con el botón de información visible

No todos los *widgets* son configurables. Por ejemplo, de los que se encuentran preinstalados, la calculadora y el rompecabezas carecen de opciones; sin embargo, otros *widgets* sí disponen de opciones de configuración, como **Tiempo**, que permite elegir la ciudad y el tipo de grados, o incluir las temperaturas mínimas; o **Notas Adhesivas**, que permite cambiar el color del papel y el tipo y tamaño de la letra. Otros *widgets*, aunque incluyen el icono de información, solo muestran el nombre de la empresa a la que pertenece la aplicación, como **Traducción** o **Flight Tracker**.

Figura 1.25. Opciones de configuración del widget Notas Adhesivas

1.6.3 *Widgets* preinstalados

Hay una serie de *widgets* que están disponibles en el **Navegador de widgets** para añadirlos, estos son:

- **Ski Report**. Permite consultar el estado de las estaciones de esquí con diversos datos como temperatura, espesor de la capa de nieve o la nevada más reciente.

- **Calculadora**. La clásica calculadora con las operaciones elementales.

- **Calendario**. Muestra la fecha del día actual, junto con el mes y los eventos programados para el día en cuestión. También podemos desplazarnos por los distintos días del mes o cambiar de mes para consultar fechas.

- **Contactos**. Permite, a través de una ventana de búsqueda, acceder a los datos de nuestros contactos. Una forma rápida de localizar teléfonos o direcciones de correo.

- **Diccionario**. Muy útil para consultar definiciones de palabras u obtener sinónimos y antónimos. También es posible buscar términos relacionados con Apple como iOS, Launchpad, iPad, etc.

- **ESPN**. Muestra información deportiva sobre fútbol americano, béisbol, hockey y baloncesto.

- **Flight Tracker**. Permite obtener información sobre vuelos, hace búsquedas por línea aérea, ciudad de salida, ciudad de llegada y número de vuelo.

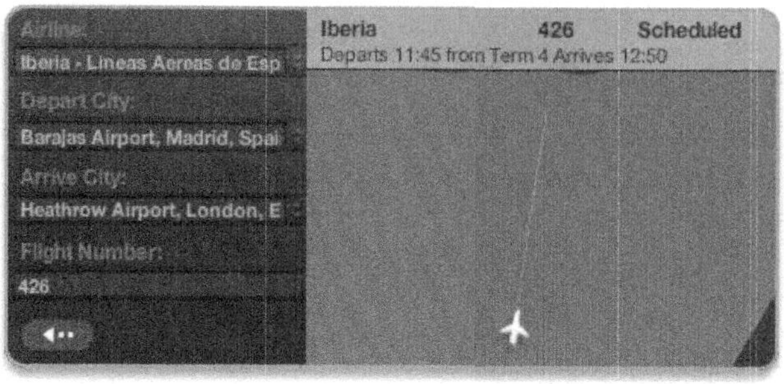

Figura 1.26. Información de un vuelo gracias al Flight Tracker

- **Movies**. Busca información sobre los últimos estrenos y muestra los horarios de las sesiones en los cines más cercanos. También permite visualizar los tráilers.

- **Notas Adhesivas**. Simula las típicas hojas adhesivas que nos sirven de recordatorio. Permite configurar el color del papel y el tipo y tamaño de la letra.

- **Bolsa**. Con este *widget* podremos ver la información bursátil de las principales bolsas del mundo y las empresas más importantes. Podremos ver la evolución de los índices en semanas meses o años.

Figura 1.27. Widget con información de la bolsa

- **Rompecabezas**. Es el típico rompecabezas de 15 piezas con una casilla vacía, al pulsar sobre él se desordenarán las piezas y al pulsar sobre una pieza adyacente a la casilla vacía esta ocupará su lugar. Continuaremos el procedimiento hasta resolverlo.

- **Traducción**. Es un potente traductor con varios idiomas disponibles, entre ellos español, inglés, alemán, japonés o ruso.

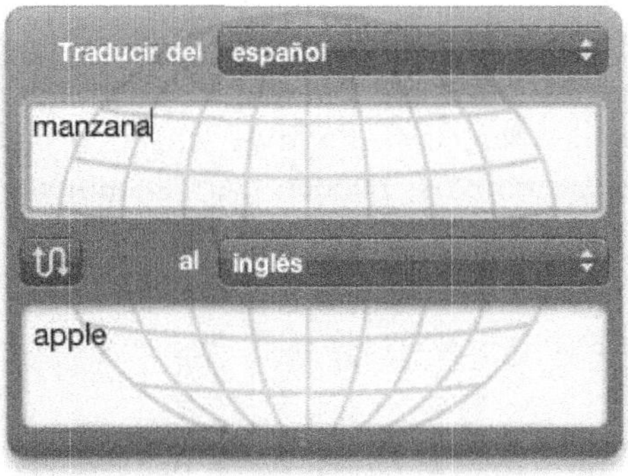

Figura 1.28. Widget Traducción

- **Conversor**. Convierte unidades de medida de área, longitud, moneda, peso o temperatura, entre otras. A la izquierda se establece una unidad y a la derecha otra, debajo de ellas aparecen dos cuadros de texto donde introduciremos, en uno de ellos, el valor a convertir, apareciendo en el otro el valor correspondiente.

- **Tiempo**. Muestra la temperatura actual de la ciudad que elijamos, si hacemos clic sobre el *widget* veremos una previsión de 6 días. Por defecto muestra las temperaturas máximas pero se puede configurar para que muestre también las mínimas. La temperatura se puede establecer en grados centígrados o Fahrenheit.

- **Web Clip**. Permite ver una zona de una página web, para ello desde **Safari** debemos seleccionar la opción **Abrir en el Dashboard** desde el menú contextual o desde el menú **Archivo**; después seleccionamos la zona que queremos visualizar. Este *widget* se actualizará con los nuevos contenidos que aparezcan en dicha zona de la página.

- **Reloj mundial**. Muestra la hora de cualquier parte del mundo, se puede seleccionar la zona horaria y la ciudad. De esta forma podemos tener varios *widgets* mostrando la hora de diversas ciudades del mundo.

1.7 SPOTLIGHT

Spotlight es la potente herramienta de búsqueda que incorpora Mac OS X, comienza la búsqueda desde el mismo momento en que empezamos a escribir en el campo de búsqueda. Podemos acceder a ella desde el icono situado en la barra de menús o desde cualquier ventana del **Finder**.

Entre los resultados que se obtienen encontraremos archivos, carpetas o aplicaciones que posean nombres que cumplan los requisitos especificados en la búsqueda, de igual forma aparecerán archivos en cuyo contenido aparezcan las palabras buscadas, esos archivos pueden ser documentos de texto, correos electrónicos, búsquedas en la Web o Preferencias del sistema.

¿Sabías que…?

Es posible usar **Spotlight** como si se tratase de una calculadora, para ello basta con escribir la expresión matemática en el campo de búsqueda. Mostrará el resultado de la operación junto a otras posibles coincidencias que haya encontrado.

Spotlight	(1+1/5)^3
	Mostrar todo en el Finder
Calculadora	(1+1/5)^3 = 1,728
Búsquedas web	Buscar "1+1/5" en Internet
	Buscar "1+1/5" en Wikipedia
	Preferencias de Spotlight...

Figura 1.29. Uso de Spotlight como calculadora

Otra utilidad de **Spotlight** es la de obtener definiciones, en estos casos al buscar la palabra aparece uno de los resultados precedido de **Buscar**, si situamos el ratón encima de la palabra veremos su definición.

Figura 1.30. Definición de "informática" a través de Spotlight

Es posible configurar **Spotlight** pulsando sobre el icono de **Spotlight** y a continuación **Preferencias de Spotlight** o desde **Preferencias del sistema –** **Spotlight**. Básicamente son dos los aspectos a configurar:

- **Resultados de la búsqueda**. Desde aquí podremos decidir el orden en que queremos que se muestren los resultados y desactivar alguno de ellos si lo consideramos necesario.

Figura 1.31. Configuración de Resultados de la búsqueda

- **Privacidad**. En este apartado podremos excluir las carpetas sobre las que no deseamos que se realicen las búsquedas.

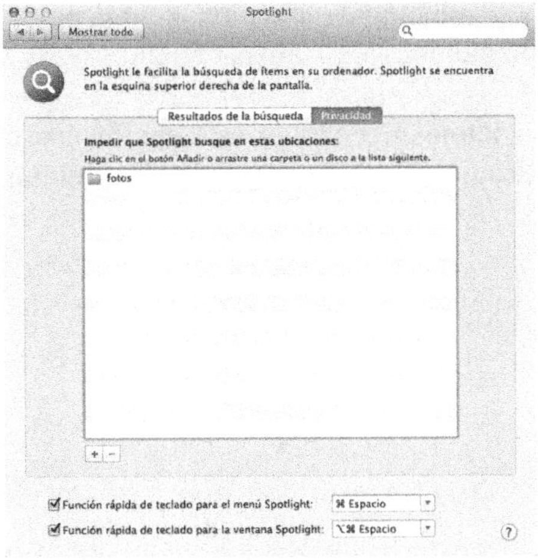

Figura 1.32. Excluimos de las búsquedas la carpeta "fotos"

Por último, en la parte inferior podemos establecer funciones rápidas de teclado para el menú y la ventana de **Spotlight**.

1.8 EL CENTRO DE NOTIFICACIONES

El **Centro de notificaciones** nos avisa de novedades en aplicaciones de correo o mensajería, de nuevas actualizaciones en **App Store**, de alertas establecidas en nuestro **Calendario** o de simples recordatorios.

Para configurar las Notificaciones accedemos a **Preferencias del sistema – Notificaciones**, las aplicaciones que utilizan el Centro de notificaciones por defecto son Calendario, FaceTime, Game Center, Mail, Mensajes, Recordatorios y Safari. Aunque hay otras aplicaciones que también lo utilizan, como CleanMyMac, y que se añaden al instalarlas. También es posible acceder a estas opciones desde el botón situado en la parte inferior de la barra lateral de notificaciones.

Las opciones de configuración son las siguientes:

- **Estilo de las alertas**. Sus posibles valores son **Ninguna**, **Tiras** o **Alertas**. La diferencia está en que las tiras desaparecen automáticamente mientras que las alertas permanecen en pantalla hasta que el usuario las cierra.

- **Mostrar en el Centro de notificaciones**. Si se activa esta opción, la aplicación aparecerá en el **Centro de notificaciones**, además se puede establecer el número de elementos que aparecerán. Por defecto se muestran los 5 elementos más recientes, aunque también se puede mostrar solamente uno, los 10 más recientes o los 20 más recientes.

- **Globos en los iconos**. Al activar esta opción aparecerá un distintivo rojo junto a la aplicación en el **Dock** para indicar el número de notificaciones pendientes.

Figura 1.33. Distintivo rojo que indica los elementos disponibles

- **Emitir un sonido al recibir una notificación**. Si se activa se emitirá un sonido de alerta junto a la notificación, este sonido se configura desde **Preferencias del sistema – Sonido**.

Por último tenemos la opción de ordenar las notificaciones de forma manual o cronológicamente. Podemos eliminar aplicaciones de dicha lista si las arrastramos sobre las palabras **Fuera del centro de notificaciones**, que aparecen al final de la lista.

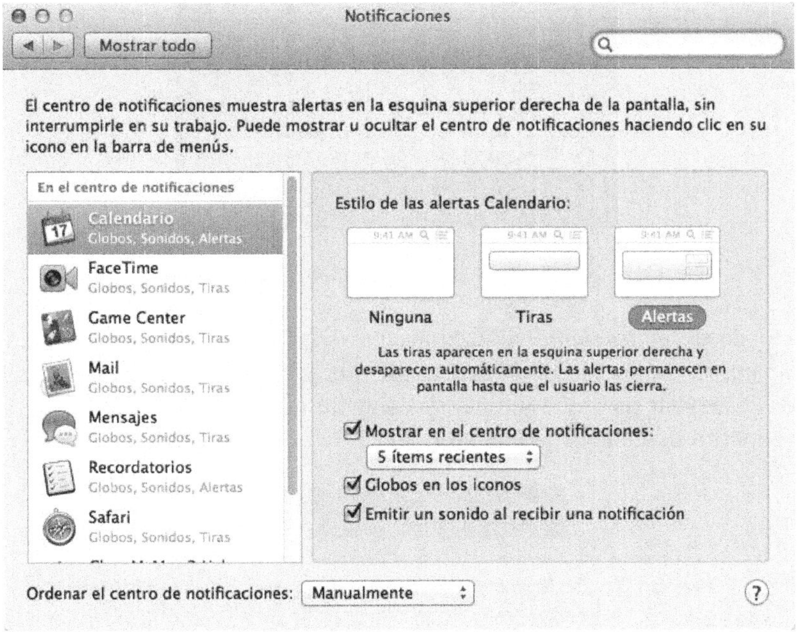

Figura 1.34. Configuración de las notificaciones desde Preferencias del sistema

En el caso de utilizar el estilo **Alertas**, la notificación aparecerá con dos botones: uno para cerrarla y otro para posponer el aviso.

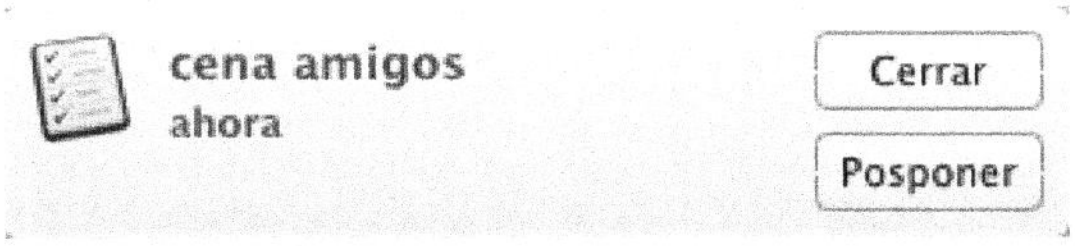

Figura 1.35. Mensaje de alerta de la aplicación Recordatorios

Si pulsamos sobre el icono del **Centro de notificaciones**, situado en la zona derecha de la barra de menús, veremos un listado de las notificaciones pendientes indicando el tiempo restante para que se produzcan y mostrando notificaciones pasadas que quedaron pendientes de revisión. Si hacemos clic sobre cualquier elemento, se abrirá la aplicación asociada.

Figura 1.36. Detalle del panel de notificaciones

Si desde el ***trackpad*** realizamos un desplazamiento hacia abajo con dos dedos, aparecerá la opción de **Mostrar alertas y tiras** (activada por defecto), que podemos desactivar para que momentáneamente no aparezcan las tiras y alertas en la parte superior derecha de la pantalla.

Figura 1.37. Deslizador para activar o desactivar las alertas y tiras

Capítulo 2

ADMINISTRACIÓN BÁSICA

En este capítulo trataremos los principales aspectos para administrar nuestro Mac: la administración de usuarios y grupos, la gestión de la seguridad y la privacidad de nuestro sistema, la programación de tareas, la gestión de recursos compartidos, la configuración de componentes hardware básicos como el ratón y el *trackpad*, o la personalización del escritorio; todo ello gestionado a través de la herramienta **Preferencias del sistema**.

2.1 USUARIOS Y GRUPOS

Las **cuentas de usuario** permiten que los usuarios inicien sesión en un equipo, autorizan a los usuarios para acceder a los recursos del equipo y dan derecho al usuario para acceder a las aplicaciones. Gracias a ellas podemos controlar tanto los permisos que se otorgan sobre archivos y carpetas como los privilegios que tendrá cada usuario y que limitarán las acciones que puede realizar en el equipo.

Los **grupos** permiten asignar privilegios de forma más sencilla pues al asignarlos a un grupo todos los usuarios que pertenecen al grupo tienen los mismos privilegios, con lo cual ahorramos el hacerlo uno a uno. Un usuario puede pertenecer a varios grupos, lo que le otorgará diferentes privilegios.

Existen los siguientes tipos de cuenta:

- La cuenta de usuario tipo **Administrador**. Esta cuenta permite al usuario crear, modificar y eliminar usuarios, instalar software y realizar cambios en Preferencias del sistema.

- La cuenta de usuario tipo **Estándar**. Los usuarios que tengan este tipo de cuenta no pueden administrar otros usuarios, sin embargo pueden instalar software para su propio uso y cambiar sus ajustes de usuario.

- La cuenta de usuario **Gestionado con controles parentales**. Este tipo de cuenta permite al administrador restringir el acceso de estos usuarios a aplicaciones y contenido inadecuado. Además permite limitar el tiempo que tendrán dichos usuarios para usar el ordenador.

- La cuenta de usuario tipo **Solo compartir**. Los usuarios de esta clase solo podrán acceder a los archivos y carpetas compartidas. No pueden iniciar sesión en el equipo y carecen de carpeta de usuario.

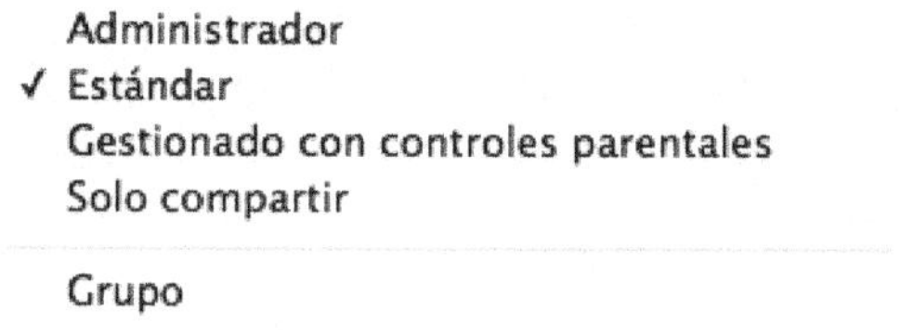

> Administrador
> ✓ Estándar
> Gestionado con controles parentales
> Solo compartir
>
> Grupo

Figura 2.1. Selección del tipo de cuenta

2.1.1 Crear usuarios

Para crear usuarios seguiremos los siguientes pasos:

- Seleccionamos **Preferencias del sistema**. Dentro del bloque **Sistema** pulsamos en **Usuarios y grupos**.

- Para poder añadir nuevos usuarios tenemos que desbloquear la aplicación, para ello pulsamos sobre el candado en la parte inferior izquierda de la ventana e introducimos el usuario y la contraseña.

- Pulsamos sobre el botón con el signo + y aparece la siguiente ventana:

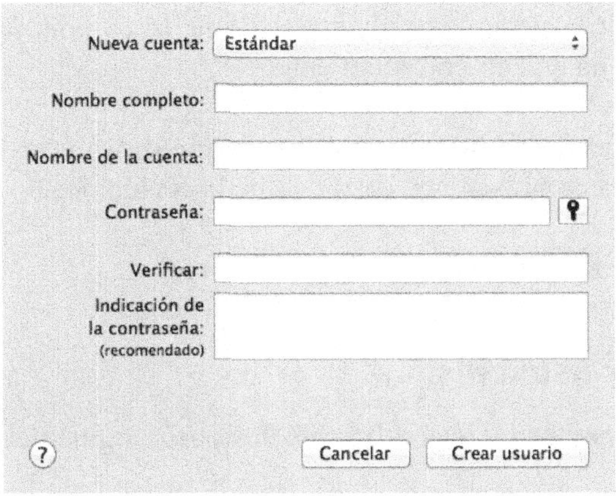

Figura 2.2. Ventana para la creación de un nuevo usuario

- En primer lugar indicaremos el tipo de cuenta (por defecto es **Estándar**) dentro de los tipos vistos anteriormente.

- A continuación introducimos el nombre completo del usuario y el nombre de la cuenta, este último es el que se utiliza a efectos de inicio de sesión y conexión remota.

- El siguiente paso será escribir una contraseña. Junto al cuadro de texto aparece un botón con el símbolo de una llave, el cual da paso a un **Asistente para contraseñas**. Este asistente nos ayudará a generar una contraseña según unos parámetros: **Fácil de recordar**, **Letras y números**, **Solo números**, **Aleatorio** o **Conforme con FIPS-181**. También dispone de la opción **Manual**, en cuyo caso nos da sugerencias sobre cómo debe ser la contraseña. Finalmente podemos establecer la longitud de la contraseña. Con todos estos parámetros nos mostrará en una barra de color rojo o verde el grado de calidad de nuestra contraseña.

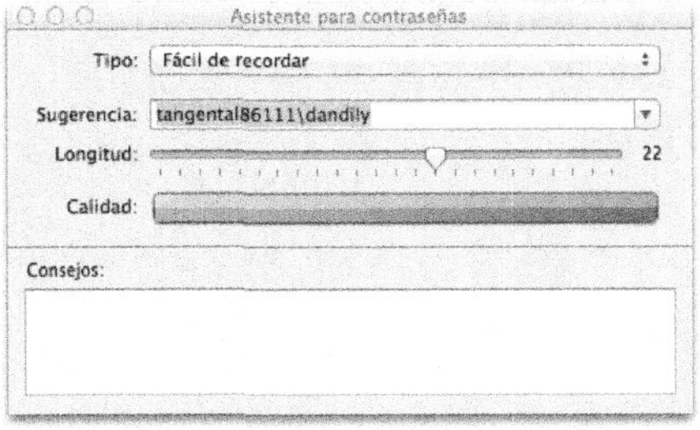

Figura 2.3. Asistente para contraseñas

- En **Verificar** debemos volver a escribir la contraseña para asegurarnos de que se ha escrito correctamente.

- En **Indicación de la contraseña** escribiremos un texto que nos ayude a recordar la contraseña en caso de que la olvidemos.

- Para finalizar pulsamos en **Crear usuario**.

2.1.2 Modificar usuarios

Para **modificar usuarios** realizamos los pasos siguientes:

- Seleccionamos **Preferencias del sistema**. Dentro del bloque **Sistema** pulsamos en **Usuarios y grupos**.

- Para poder modificar usuarios tenemos que desbloquear la aplicación, para ello pulsamos sobre el candado en la parte inferior izquierda de la ventana e introducimos el usuario y la contraseña.

- Pulsamos con **Control** + **clic** o botón izquierdo del ratón sobre el usuario que queremos modificar, hacemos clic en **Opciones avanzadas** y aparecerá una ventana similar a esta:

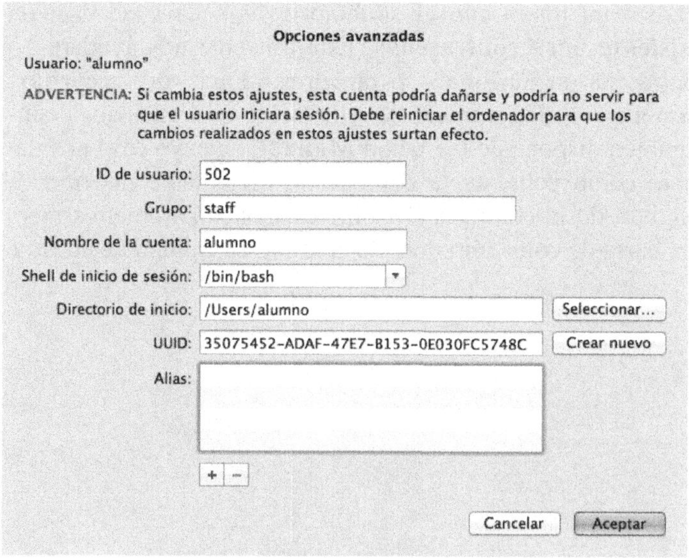

Figura 2.4. Opciones avanzadas de Usuario

En dicha ventana aparecen los siguientes apartados:

- **ID de usuario**. Es un número único que identifica al usuario. Se empiezan a numerar a partir de 501 (este es el identificador del usuario que creamos al instalar el sistema).

- **Grupo**. El grupo por defecto de todos los usuarios es *staff*; existen otros grupos como *administrators* o *admin* (administradores) y *everyone* (todos).

- **Nombre de la cuenta**. Nombre corto del usuario que utilizamos para iniciar sesión.

- *Shell* **de inicio de sesión**. Es el intérprete de comandos que se usará si utilizamos el terminal, por defecto es /bin/bash. Existen otros *shells* como tcsh, sh, csh, zsh o ksh.

- **Directorio de inicio**. Es la carpeta del usuario, por defecto es del tipo */Users/nombre_del_usuario*.

- **UUID**. Es un identificador único; si pulsamos en **Crear nuevo**, se generará un nuevo identificador.

- **Alias**. Podemos establecer otros nombres para nuestro usuario; por ejemplo, podemos crear un alias abreviado para nuestro usuario y utilizarlo en los comandos de terminal.

¿Sabías que...?

El **UUID** (*universally unique identifier*) o "identificador universal único" es un idenficador estándar de 128 bits, consistente en 32 dígitos hexadecimales repartidos en cinco grupos de 8, 4, 4, 4 y 12 dígitos separados por guiones.

Por otro lado, también podemos modificar las propiedades del usuario desde el panel derecho que aparece al seleccionar el usuario dentro de usuarios y grupos.

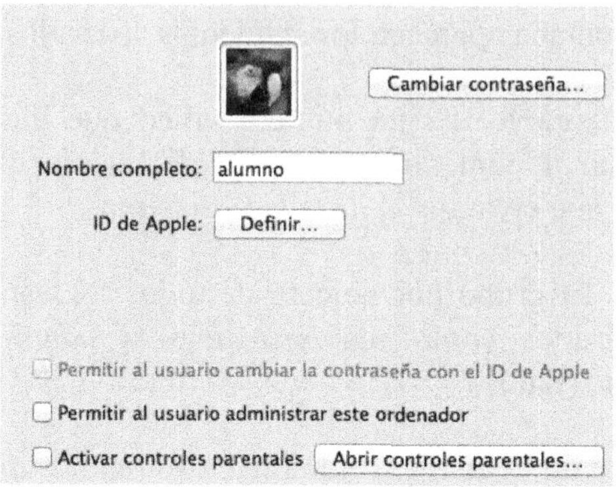

Figura 2.5. Detalle del panel de opciones del usuario alumno

Desde este panel podemos:

- Cambiar la contraseña.

- Cambiar el nombre completo del usuario.

- Asociar un ID de Apple al usuario.

- Permitir al usuario cambiar la contraseña con el ID de Apple. Esta opción aparece desactivada hasta que asociemos nuestro usuario con un ID de Apple.

- Permitir al usuario administrar este ordenador. Esta opción estará marcada si el tipo de cuenta es Administrador.

- Activar controles parentales. Junto a esta opción aparece un botón para **Abrir controles parentales**, trataremos esto en un apartado posterior. Al activarlo, la cuenta pasa a ser del tipo Gestionado con controles parentales.

Si la cuenta es del tipo **Solo compartir**, solo se puede cambiar la contraseña, el nombre completo del usuario y asociar el ID de Apple.

2.1.3 Crear grupos

Para crear **grupos** procedemos de la misma forma que para crear usuarios:

- Seleccionamos **Preferencias del sistema**. Dentro del bloque **Sistema** pulsamos en **Usuarios y grupos**.

- Para poder crear grupos tenemos que desbloquear la aplicación, para ello pulsamos sobre el candado en la parte inferior izquierda de la ventana e introducimos el usuario y la contraseña.

- Pulsamos sobre el botón con el signo + y en el apartado **Nueva cuenta** seleccionamos **Grupo**, la ventana cambiará y su aspecto será el siguiente:

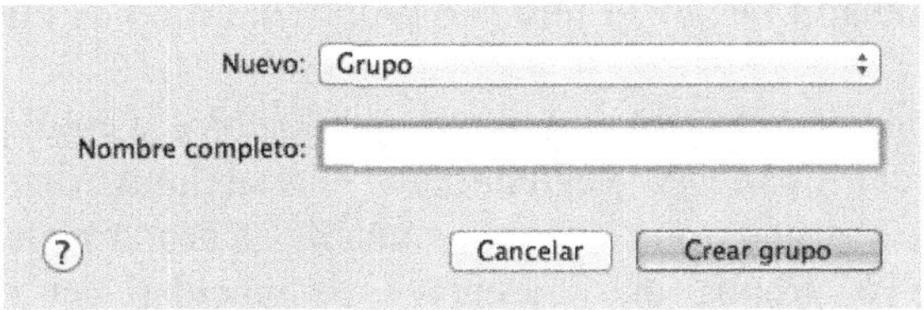

Figura 2.6. Ventana de creación de grupo

- En este caso basta con escribir el nombre del grupo y pulsar en **Crear grupo**. Al volver a la ventana principal aparecerá, en el panel izquierdo, dentro del apartado **Grupos**, el grupo creado.

Figura 2.7. Vista del grupo alumnos en el panel izquierdo

2.1.4 Modificar y añadir usuarios a un grupo

Igual que para los usuarios, podemos acceder a las opciones avanzadas de un grupo. Desde allí podemos modificar el ID de grupo, el nombre del grupo o crear un nuevo UUID.

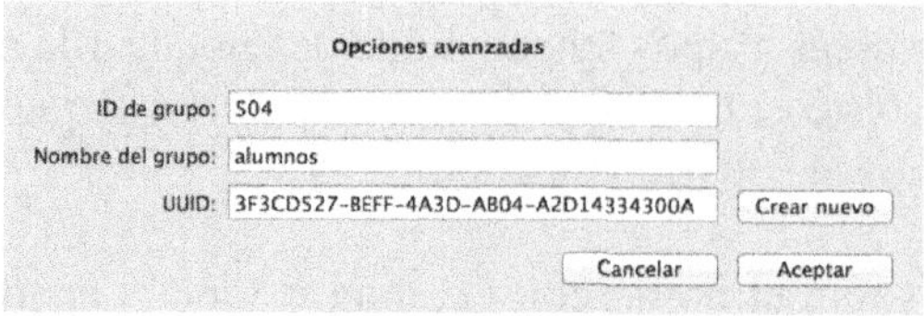

Figura 2.8. Opciones avanzadas del grupo alumnos

Es posible añadir nuevos usuarios o grupos al grupo de dos formas:

- Seleccionamos el grupo en el panel izquierdo, y en el panel derecho —
dentro del apartado **Pertenencia**—, marcamos las casillas de los
usuarios o grupos que queramos añadir al grupo o desmarcamos a los
usuarios o grupos que deseamos desvincular del mismo. También
podemos cambiar el nombre del grupo.

Figura 2.9. Panel de opciones del grupo alumnos

- Dentro del menú contextual del grupo escogemos la opción **Añadir
usuario o grupo**, en este caso se abrirá una nueva ventana donde
podemos seleccionar los usuarios o grupos que queramos añadir.

Figura 2.10. Aparecen en gris los usuarios que pertenecen al grupo

2.1.5 Opciones de inicio de sesión

Dentro de la ventana de **Usuarios y Grupos** podemos configurar las **Opciones de inicio de sesión**, accedemos a ellas a través del botón que se encuentra en la parte inferior de la lista de usuarios.

Aquí podemos establecer el inicio de sesión automático a una cuenta determinada, por defecto esta opción está desactivada, hay que tener en cuenta que el inicio de sesión automático no está disponible cuando se activa **FileVault** (**FileVault** se verá en el apartado 2.2.2). Activar el inicio de sesión automático solo es recomendable si existe un único usuario en el ordenador y no existe el riesgo de que otra persona acceda a nuestro ordenador.

Consejo

Nunca establezcas el inicio de sesión automático con una cuenta de administrador.

El siguiente apartado que hay que configurar será el modo en que se muestra la ventana de inicio. Por defecto se muestra una lista de usuarios, de forma que solo tenemos que seleccionar nuestro usuario e introducir la contraseña. La otra opción es **Nombre y contraseña**, en este caso se mostrarán dos cuadros de texto y tendremos que introducir tanto el nombre del usuario como la contraseña.

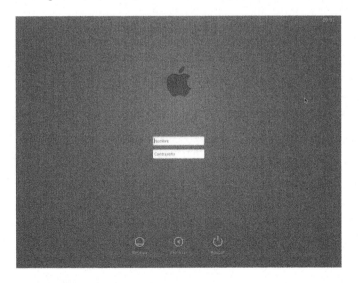

Figura 2.11. Inicio de sesión con Nombre y contraseña

A continuación tenemos una serie de opciones que se pueden activar o desactivar:

- Mostrar los botones Reposo, Reiniciar y Apagar equipo.

Figura 2.12. Detalle de los botones en la pantalla de inicio

- **Mostrar el menú teclado en la ventana de inicio de sesión**. Esta opción está desactivada por defecto y al activarla permite que los usuarios puedan elegir el idioma con el que utilizar Mac OS X.

- **Mostrar indicaciones de contraseña**. Ya comentamos que al crear usuarios podemos establecer una indicación de contraseña para que recibamos alguna información que nos permita recordar la misma. Esta indicación se muestra si pulsamos en el signo de interrogación que aparece en el campo de contraseña o en el caso de que un usuario introduzca la contraseña tres veces consecutivas de forma incorrecta. Esta opción está activada por defecto.

- **Mostrar menú cambio rápido de usuario como** nombre completo, nombre corto o icono. Este menú aparece en la barra superior del escritorio, mostrando el nombre completo del usuario, el nombre corto o un icono. Esta opción está activada por defecto.

- **Utilizar VoiceOver en la ventana de inicio de sesión. VoiceOver** es un lector de pantalla integrado en Mac OS X que describe lo que aparece en la pantalla del ordenador, lo cual es muy útil para usuarios con discapacidades visuales. Esta opción está desactivada por defecto.

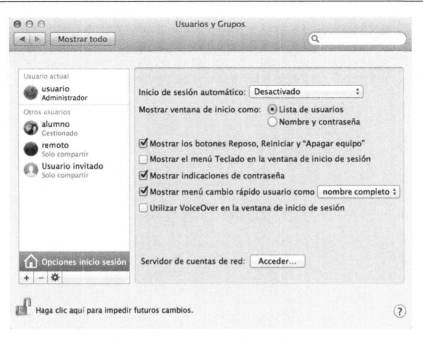

Figura 2.13. Opciones de inicio de sesión

2.1.6 El control parental

Mac OS X posee una forma sencilla de monitorizar y controlar a determinados usuarios cuando utilicen el Mac: el control parental.

La activación del control parental se realiza desde **Preferencias del sistema – Controles Parentales**, seleccionamos el usuario sobre el que queremos realizar el control y pulsamos en **Activar controles parentales**. También podemos activar en este momento una casilla que nos permitirá gestionar los controles parentales desde otro ordenador.

Otra opción para activar el control parental es realizarlo desde **Usuarios y Grupos**, seleccionando al usuario y marcando la casilla **Activar controles parentales** dentro del panel derecho.

Son cinco los bloques de configuración dentro de **Controles Parentales**:

- **Aplicaciones**. En este primer bloque podemos activar **Usar Finder Simple** para simplificar las opciones del **Finder** de forma que el usuario esté más limitado en sus acciones. También podemos activar **Limitar aplicaciones**, con lo que solo se permite al usuario acceder a las aplicaciones, *widgets* y utilidades incluidas en una lista. Por último, podemos impedir que los usuarios modifiquen el **Dock**, desactivando la opción correspondiente. Si pulsamos en **Registros** veremos la actividad del usuario respecto a las aplicaciones utilizadas.

Figura 2.14. Configuración de Aplicaciones en Controles Parentales

- **Internet**. En este apartado se controla el acceso a Internet y al igual que en el bloque anterior se guarda un registro de la actividad en Internet. Para controlar el acceso tenemos tres opciones:

  - **Permitir acceso ilimitado a los sitios web**.

  - **Intentar limitar el acceso a sitios web para adultos automáticamente**. Si pulsamos en **Personalizar** podemos añadir direcciones web a las cuales permitir el acceso y direcciones web a las que denegaremos el acceso.

  - **Permitir el acceso solo a estos sitios web**. Aquí aparece una lista de sitios web a los que se permite el acceso y en la cual podemos añadir o eliminar elementos.

Figura 2.15. Opciones de Internet en Controles Parentales

- **Personas**. En este apartado podemos permitir o denegar a usuarios el participar en juegos multijugador o añadir amigos. También podemos limitar el uso de **Mail** y de **Mensajes** para una serie de contactos añadidos a una lista. Aquí también podemos acceder a un registro de la actividad.

Figura 2.16. En el bloque Personas se controlan los juegos y la mensajería

- **Tiempo**. Aquí podemos establecer reglas que se aplican entre semana o solo el fin de semana con limitaciones que van desde los 30 minutos a las 8 horas. También se puede especificar un intervalo de horas a las que se impide el acceso al ordenador, en dos bloques: de domingo a jueves por un lado, y viernes y sábado por otro.

Figura 2.17. En el bloque Tiempo se limita el acceso al equipo

- **Otros**. En este último apartado se puede:

  - **Desactivar el uso de Dictado**. Impide al usuario activar la aplicación **Dictado**.

  - **Ocultar palabrotas en Diccionario**. Esto limita el acceso a contenidos inadecuados en diccionarios, vocabularios o Wikipedia.

  - **Limitar la administración de impresoras**. Con esta opción evitamos que el usuario modifique los ajustes de impresión y que añada o elimine impresoras.

  - **Limitar la grabación de CD y DVD**. Evita que el usuario grabe CD o DVD.

  - **Desactivar el cambio de contraseña**. Esto impide que el usuario controlado pueda cambiar su propia contraseña.

Figura 2.18. Opciones del apartado Otros

2.2 SECURIZAR EL SISTEMA

En todo sistema operativo la seguridad del sistema es uno de los aspectos más importantes, Mac OS X gestiona todos los aspectos de seguridad desde **Seguridad y Privacidad**.

Accedemos a **Seguridad y Privacidad** desde el panel de **Preferencias del sistema**, como en otras ventanas de configuración del sistema debemos hacer clic en el candado para desbloquear las distintas opciones y poder realizar los cambios necesarios. Para desbloquear se nos pedirá un nombre y una contraseña de administrador.

Hay una opción que aparece en la parte inferior de la pantalla, es el botón **Avanzado**. Este nos lleva a una ventana de configuración donde podemos activar que el equipo cierre sesión pasados unos minutos de inactividad, que podemos establecer nosotros. También podemos activar la opción de solicitar una contraseña de administrador para acceder a las preferencias bloqueadas. Por último, tenemos la posibilidad de activar la actualización automática de la lista de descargas seguras y la opción de **Desactivar el receptor de infrarrojos del mando a distancia**.

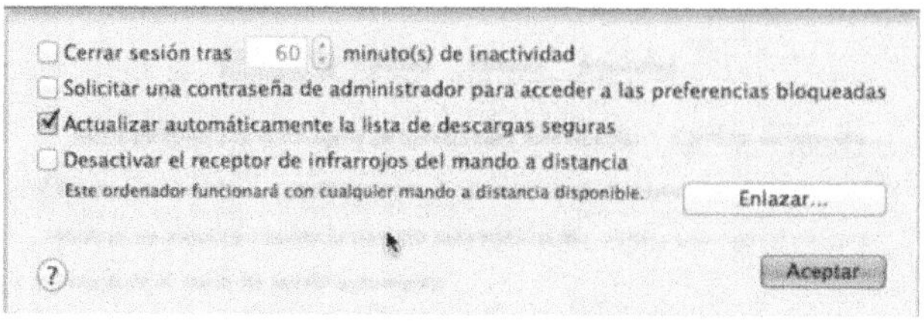

*Figura 2.19. Ventana que se muestra al pulsar el botón Avanzado
dentro de Seguridad y Privacidad*

Dentro de **Seguridad y Privacidad** tenemos cuatro apartados de configuración: **General**, **FileVault**, **Firewall** y **Privacidad**. Pasemos a analizar cada uno de ellos.

2.2.1 General

En este bloque tenemos las siguientes opciones de configuración:

- **Cambiar contraseña**. Permite cambiar la contraseña del usuario actual.

- **Solicitar contraseña tras iniciar el equipo desde reposo o el salvapantallas**. Se puede establecer un tiempo para que se pida la contraseña: inmediatamente, 5 segundos, 1 minuto, 15 minutos, 1 hora o 4 horas.

- **Mostrar un mensaje cuando la pantalla esté bloqueada**. Permite mostrar un mensaje, que podemos definir nosotros, que se mostrará cuando la pantalla se bloquee.

- **Desactivar el inicio automático**. Esta opción está marcada por defecto y, como ya se comentó en apartados anteriores, es la opción más recomendable.

- **Permitir aplicaciones descargadas de Mac App Store**, **Mac App Store y desarrolladores identificados** o **Cualquier sitio**. Debemos manejar esta opción con precaución y solo activar la última opción en caso de descargar de un sitio de confianza, después se recomienda volver a la opción por defecto.

Figura 2.20. Opciones del apartado General dentro de
Seguridad y Privacidad

2.2.2 FileVault

En este apartado podemos activar **FileVault**. Se trata de la versión **FileVault 2** que usa encriptación XTS-AES de 128 bits, esto garantiza la seguridad de nuestros archivos permitiendo encriptar todo el disco.

Una vez activado se necesitará la contraseña de inicio de sesión de los usuarios autorizados o la clave de recuperación que se genera durante el proceso.

Consejo

Guarda la clave de recuperación en un lugar seguro, pues si olvidas la contraseña y la clave de recuperación no podrás acceder a los datos.

Para iniciar el proceso de activación de **FileVault** pulsamos en **Activar FileVault**.

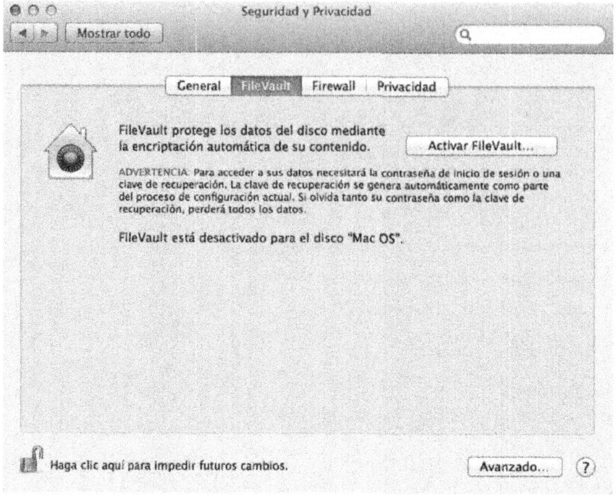

Figura 2.21. Opciones de FileVault dentro de Seguridad y Privacidad

A continuación se mostrará una ventana donde podemos activar aquellos usuarios a los que se les permite desbloquear el disco.

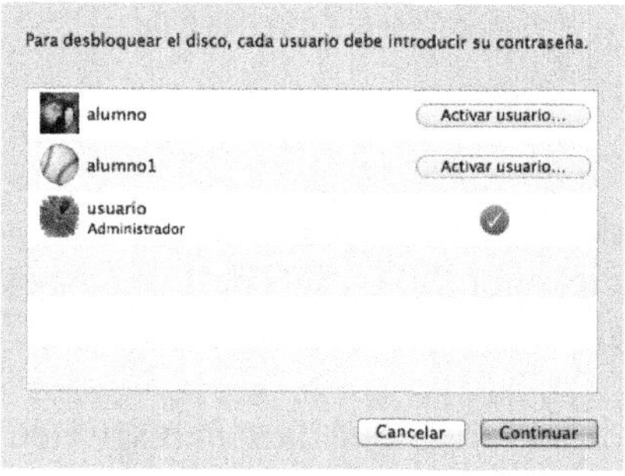

Figura 2.22. Activamos los usuarios que podrán desbloquear el disco

Pulsamos el botón **Continuar** y el sistema generará la clave de recuperación, que se usará en caso de que olvidemos la contraseña.

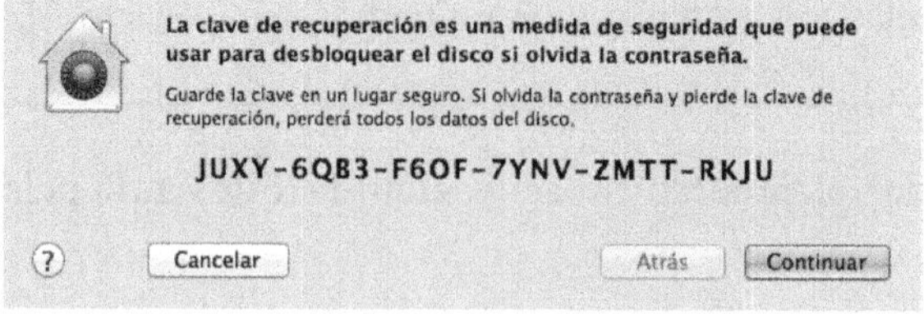

Figura 2.23. Clave de recuperación para desbloquear el disco

Pulsamos de nuevo **Continuar** y en la siguiente pantalla tenemos la opción de que Apple guarde la clave de recuperación, para mayor seguridad introduciremos tres preguntas de seguridad que habrá que contestar para recuperar la clave. También podemos optar por no guardar la clave.

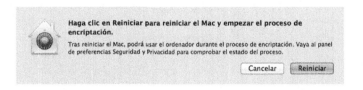

Figura 2.24. Se puede elegir si Apple guardará la clave de encriptación

Tras pulsar **Continuar**, por última vez, tendremos que reiniciar el equipo y comenzará el proceso de encriptación, aunque podremos usar el Mac durante este proceso.

Figura 2.25. Aviso de reinicio para empezar el proceso de encriptación

Finalizado el proceso de encriptación ya tendremos **FileVault** activado.

2.2.3 Firewall

Desde **Seguridad y Privacidad** accedemos a la pestaña **Firewall**, a continuación hacemos clic en **Activar firewall**, con lo que el Firewall pasará a estar en funcionamiento.

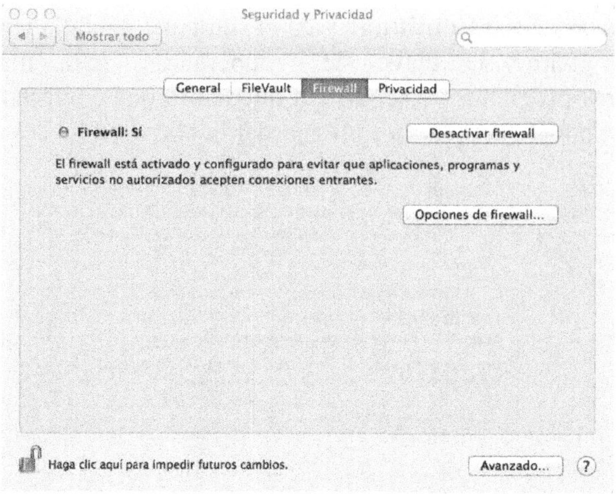

Figura 2.26. Firewall activado

Debemos tener en cuenta que no podemos editar los puertos que utilizan los servicios incorporados desde el Firewall ya que estos se activan y desactivan de forma automática cuando conectamos o desconectamos dichos servicios en el panel **Servicios**, dentro de **Preferencias del sistema – Compartir**.

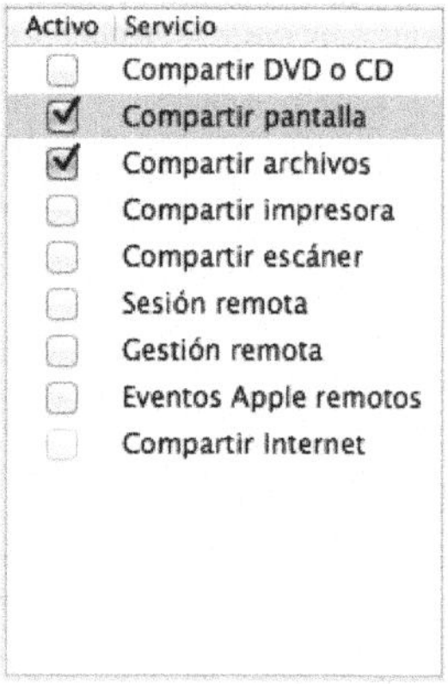

Figura 2.27. Panel de Servicios dentro de Compartir

Dentro de **Opciones de firewall** podemos optar por **Bloquear todas las conexiones entrantes**, con lo que solo se permitirá la conexión a las aplicaciones y servicios esenciales.

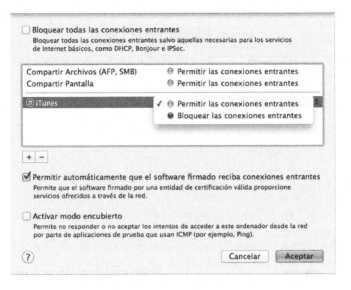

Figura 2.28. Opciones de firewall

En la imagen anterior vemos como se permiten las conexiones **Compartir Archivo** y **Compartir pantalla**, estas conexiones se han activado desde **Compartir**, como se ve en la Figura 2.27 (esto se verá con más detalle en el apartado 2.4), y al hacerlo se les ha otorgado el permiso. Sin embargo, con iTunes, que vemos más abajo, sí tenemos la posibilidad de permitir o bloquear las conexiones entrantes. Otra posibilidad es pulsar en el botón + para añadir manualmente la aplicación o servicio al cual vamos a permitir o bloquear la conexión.

Una tercera opción es Permitir automáticamente que el software firmado reciba conexiones entrantes, para lo cual activaremos la opción correspondiente.

La última opción es **Activar modo encubierto**, esta opción permite que nuestro Mac permanezca oculto ante intentos de acceder a él a través de aplicaciones que usen el protocolo ICMP, como puede ser el comando *Ping*.

2.2.4 Privacidad

El último bloque dentro de **Seguridad y Privacidad** es el de **Privacidad**. En el panel de la izquierda aparecerán los elementos que podemos configurar, por defecto aparecen **Localización**, **Contactos** y **Diagnóstico y uso**, pero se pueden añadir otros de forma automática al instalar algunos programas de redes sociales como la aplicación oficial de Twitter.

En **Localización** podemos activar los servicios de localización, con lo cual permitimos que aplicaciones y páginas web puedan utilizar información sobre nuestra localización para proporcionarnos información, servicios o funciones según nuestra ubicación.

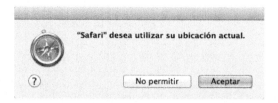

Figura 2.29. Mensaje de Safari solicitando utilizar nuestra ubicación

Debemos tener en cuenta que al activar esta opción y aceptar que otras aplicaciones o webs utilicen nuestra ubicación estaremos sujetos a las políticas de seguridad de terceros y no a las de Apple. Las aplicaciones que soliciten el acceso se irán añadiendo en el panel derecho de la ventana:

Figura 2.30. Activar los servicios de localización

En **Contactos** veremos en el panel derecho las aplicaciones que acceden a nuestros contactos junto a una casilla de verificación que podemos marcar o desmarcar según permitamos o no el acceso.

Figura 2.31. Podemos establecer qué aplicaciones acceden a los contactos

Por último, desde **Diagnóstico y uso** podemos activar la casilla que permite **Enviar datos de diagnóstico y uso a Apple**. Esto ayuda a Apple a mejorar sus productos, ya que obtiene informes del funcionamiento de nuestro Mac. Esta información se recopila de forma anónima; de cualquier forma, puede consultar la política de privacidad de Apple en su página web.

Figura 2.32. Opción de enviar datos de diagnóstico y uso a Apple

2.3 AJUSTANDO EL RATÓN/TRACKPAD

Los ajustes del ratón y el *trackpad* se realizan desde **Preferencias del sistema**, dentro del apartado de **Hardware**.

Figura 2.33. Trackpad en MacBook Pro

Para el *trackpad* disponemos de tres bloques de opciones:

- **Señalar y hacer clic**. En este apartado podemos activar que se haga clic con la pulsación de un dedo, que se ejecute un clic secundario al hacer clic o pulsar con dos dedos, que se pueda buscar al pulsar con tres dedos o arrastrar al mover tres dedos por el *trackpad*. Finalmente, podemos establecer la velocidad del cursor.

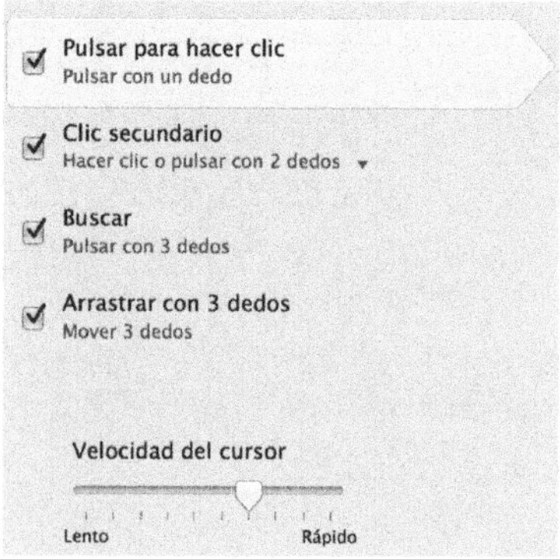

Figura 2.34. Detalle de las opciones de configuración de Señalar y hacer clic

- **Desplazamiento y zoom**. En este apartado podemos activar que el contenido siga el movimiento natural del dedo, que se aumente o reduzca un zoom al separar o juntar dos dedos, que se ejecute el zoom inteligente al pulsar con dos dedos y, finalmente, que se pueda girar con dos dedos.

Figura 2.35. Detalle de las opciones de configuración de Desplazamiento y zoom

- **Más gestos**. En este último apartado tenemos el resto de gestos que permiten:

  – **Pasar de página** moviendo de izquierda a derecha dos dedos.

  – **Cambiar entre aplicaciones a pantalla completa** moviendo de izquierda a derecha tres dedos.

  – **Abrir el Centro de notificaciones** desplazando dos dedos desde el borde derecho hacia la izquierda.

  – **Abrir Mission Control** desplazando tres dedos hacia arriba.

  – **Ver ventanas en modo Exposé** desplazando tres dedos hacia abajo.

  – **Abrir Launchpad** juntando el pulgar con tres dedos.

  – **Mostrar el escritorio** separando el pulgar y los tres dedos.

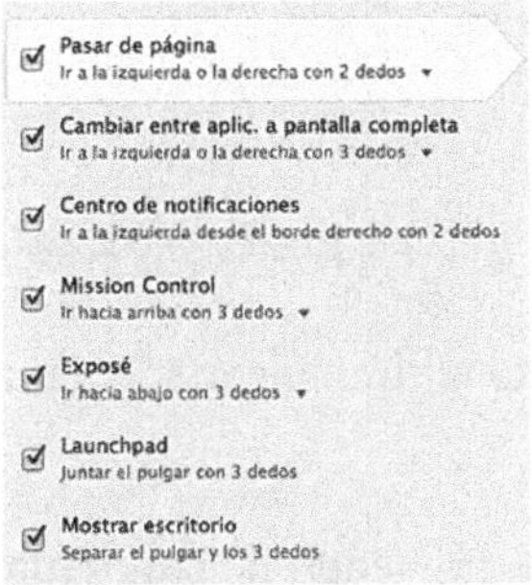

Figura 2.36. Detalles de las opciones del apartado Más gestos

En el caso del ratón, las opciones de configuración variarán dependiendo del tipo de ratón que utilicemos: el **Mighty Mouse** o el más reciente **Magic Mouse**.

Figura 2.37. Apple Mighty Mouse

En el caso del **Magic Mouse** tenemos:

- **Señalar y hacer clic**. En este apartado podemos activar que el contenido siga el movimiento natural del dedo, que se ejecute un clic secundario al hacer clic en el lado derecho y que se ejecute el zoom inteligente al pulsar dos veces con un dedo. Finalmente, podemos establecer la velocidad de movimiento del cursor.

Figura 2.38. Detalle de las opciones de Señalar y hacer clic para un Magic Mouse

- **Más gestos**. En este último apartado tenemos el resto de gestos que permiten:

  - **Pasar de página** moviendo de izquierda a derecha un dedo.

  - **Cambiar entre aplicaciones a pantalla completa** moviendo de izquierda a derecha dos dedos.

– **Abrir Mission Control** pulsando dos veces con dos dedos.

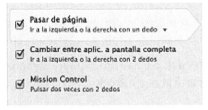

Figura 2.39. Detalle de las opciones del apartado Más gestos de un Magic Mouse

2.4 COMPARTIR EN RED

Accedemos a las opciones de compartición a través de **Preferencias del sistema – Compartir**, que se encuentra dentro del bloque **Internet y conexiones inalámbricas**.

Figura 2.40. Icono Compartir dentro de Preferencias del sistema

Tenemos a nuestra disposición múltiples opciones para compartir con nuestro Mac:

- **Compartir DVD o CD**. Permite a otros usuarios acceder de forma remota a nuestra unidad de DVD o CD.

- **Compartir pantalla**. Permite que otros vean lo que estamos haciendo en nuestro equipo o iniciar una sesión con su propio usuario.

- **Compartir archivos**. Permite a otros usuarios acceder a las carpetas compartidas.

- **Compartir impresora**. Permite a otros usuarios utilizar las impresoras conectadas a nuestro equipo.

- **Compartir escáner**. Permite a otros usuarios utilizar los escáneres conectados a nuestro equipo.

- **Sesión remota**. Permite a otros usuarios de otros ordenadores acceder a nuestro equipo mediante los protocolos SSH y SFTP.

- **Gestión remota**. Permite a otros usuarios acceder a nuestro ordenador utilizando Apple Remote Desktop.

- **Eventos Apple remotos**. Permite a las aplicaciones de otros equipos Mac OS X enviar eventos Apple a nuestro ordenador.

- **Compartir Internet**. Si nuestro equipo dispone de conexión a Internet podremos compartirla con el resto de equipos de la red.

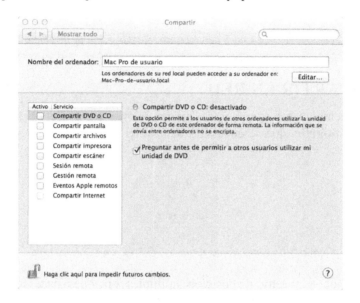

Figura 2.41. Ventana para configurar las distintas opciones de compartición

Dada su importancia vamos a tratar con más profundidad las opciones para **Compartir archivos** y **Compartir pantalla**, el resto se configura de forma muy parecida.

2.4.1 Compartir archivos

Para **Compartir archivos** lo primero que debemos hacer es activar la opción en el panel izquierdo de **Compartir**. A continuación debemos añadir las carpetas que vamos a compartir, para ello pulsamos en el botón **Añadir** (+), situado debajo de la columna **Carpetas compartidas** en el panel derecho; en la nueva ventana seleccionamos la carpeta a compartir y pulsamos en **Añadir**. Para eliminar una carpeta pulsamos en el botón **Eliminar** (-).

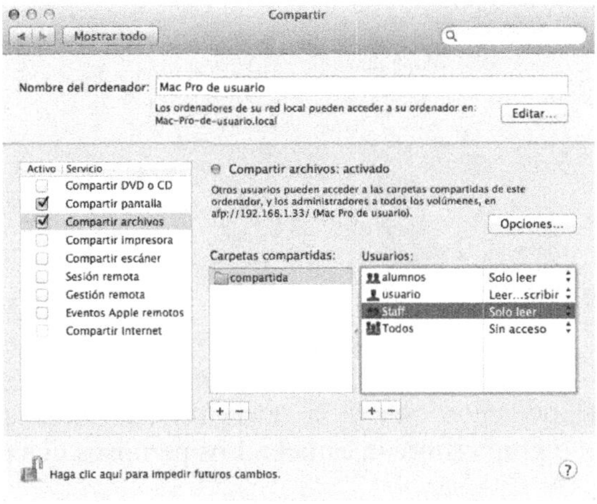

Figura 2.42. Ventana de configuración de Compartir archivos

También podemos compartir la carpeta desde la ventana Información de la carpeta marcando en **Carpeta compartida**. Recuerda que se accede a esta ventana desde el menú contextual pulsando en **Obtener información**.

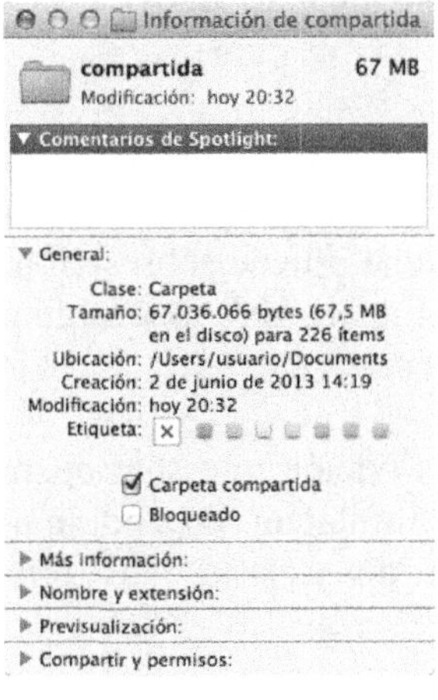

Figura 2.43. Ventana de información de una carpeta compartida

El siguiente paso será añadir los usuarios que van a acceder a la carpeta, por defecto aparecen en la lista el usuario que comparte, el grupo **Staff** y el grupo **Todos**, podemos añadir más usuarios pulsando en el botón **Añadir** (+) situado debajo de la columna Usuarios, en la siguiente ventana seleccionamos los usuarios y grupos y pulsamos el botón **Seleccionar**. También podemos eliminar usuarios pulsando en el botón **Eliminar** (-).

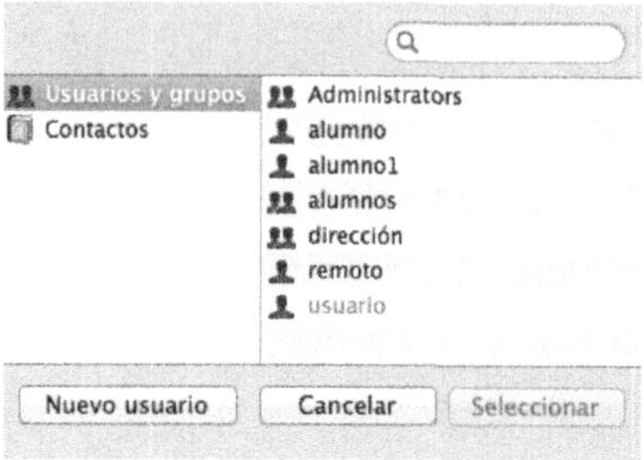

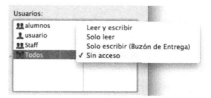

Figura 2.44. Ventana para agregar usuarios

Finalmente, podemos establecer en la última columna los permisos que tendrá cada usuario o grupo sobre la carpeta. Los permisos que podemos establecer son los siguientes:

- **Leer y escribir**. El usuario puede leer, copiar, editar y borrar los archivos y subcarpetas contenidos en la carpeta.

- **Solo leer**. El usuario solo puede leer y copiar los archivos y subcarpetas contenidos en la carpeta. La opción de copiar solo es posible si se copian los contenidos a un lugar distinto de la carpeta original (siempre que tengamos permisos de escritura).

- **Solo escribir** (Buzón de Entrega). El usuario solo puede copiar archivos y carpetas dentro de la carpeta compartida, pero no puede ver el contenido de la misma. Puede sobrescribir elementos si copia elementos que tengan el mismo nombre que alguno ya localizado dentro de la carpeta.

- **Sin acceso**. Es una opción que solo aparece para grupos. Los usuarios del grupo con esta limitación no podrán acceder a la carpeta, pero si se añade una cuenta de usuario, sus privilegios reemplazarán a esta restricción.

Figura 2.45. Estableciendo los permisos para el grupo Todos

Si pulsamos en **Opciones** tendremos acceso a otra ventana donde estableceremos el protocolo usado para compartir. Tendremos dos opciones:

- **Protocolo AFP** (*Apple Filing Protocol*). Es el protocolo para compartir archivos de Apple y es el que debemos escoger si vamos a compartir nuestros archivos con otro Mac.

- **Protocolo SMB** (*Server Message Block*). Es el protocolo para compartir archivos de Windows y es el que debemos escoger si vamos a compartir nuestros archivos con un PC que ejecute el sistema operativo Windows o Linux. Aunque Linux también puede trabajar con AFP.

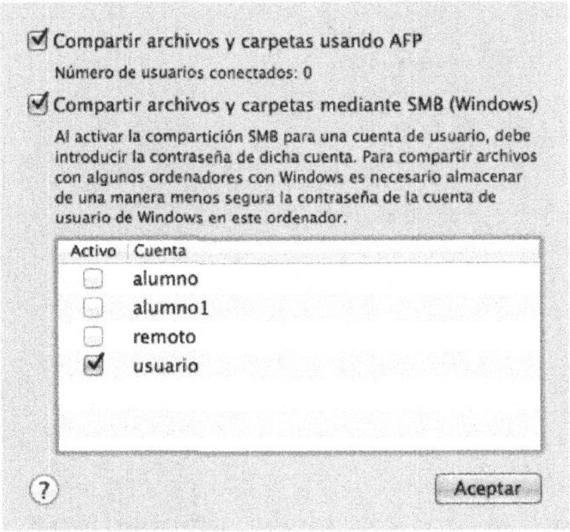

Figura 2.46. Selección del protocolo de red

Podemos escoger una de las dos opciones o ambas.

¿Sabías que…?

En las versiones 10.5 y 10.6 de Mac OS X también estaba disponible el protocolo FTP (*File Transfer Protocol*).

Otra forma de configurar los usuarios y grupos que accederán a la carpeta y sus correspondientes permisos es desde la opción **Obtener información** dentro del menú contextual de la carpeta. Desde esta ventana iremos al apartado **Compartir y permisos**. Allí podremos añadir y eliminar usuarios y grupos, establecer sus permisos o cambiar los ya existentes. Si queremos que los permisos que los usuarios o grupos tienen concedidos sobre la carpeta se asignen también a los elementos que contiene, podemos seleccionar la opción **Aplicar a los ítems**

incluidos, que se encuentra en el menú emergente de acción situado en la parte inferior de la ventana. A continuación aparecerá una ventana de confirmación donde debemos pulsar en **Aceptar** para finalizar la acción. En el mismo menú de acción tenemos la opción de **Restaurar los cambios**, esto deshace los cambios realizados (salvo la acción de **Aplicar a los ítems incluidos**).

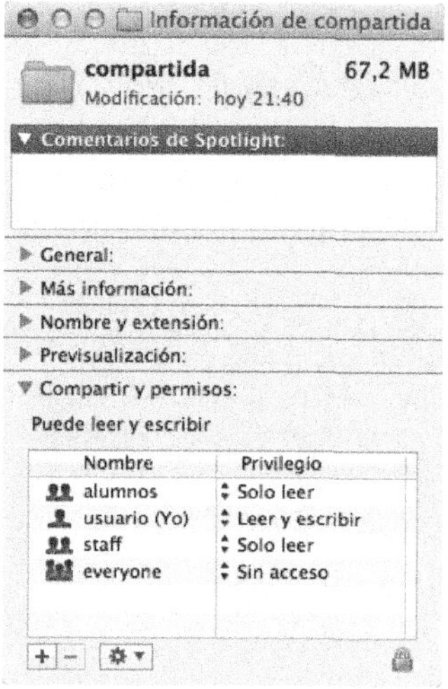

Figura 2.47. Opciones para compartir dentro de Información de la carpeta

Podemos acceder a los archivos compartidos en otro ordenador o dispositivo a través del panel izquierdo del **Finder**; dentro del apartado **Compartido** localizaremos el dispositivo que contiene la carpeta compartida.

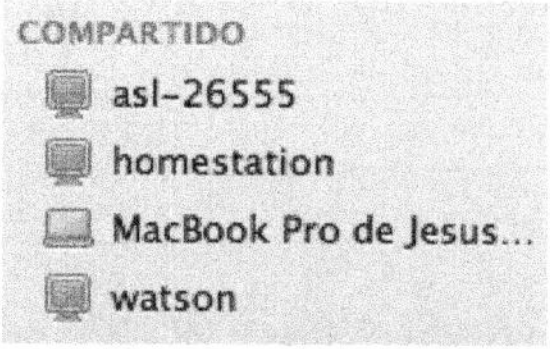

Figura 2.48. Detalle del apartado Compartido dentro del Finder

Otra opción es acceder a través del menú de **Finder Ir – Conectarse al servidor**, allí escribimos la dirección del servidor, que puede ser del tipo *smb://ip_del_equipo* o *afp://ip_del_equipo*, dependiendo del protocolo que hayamos usado.

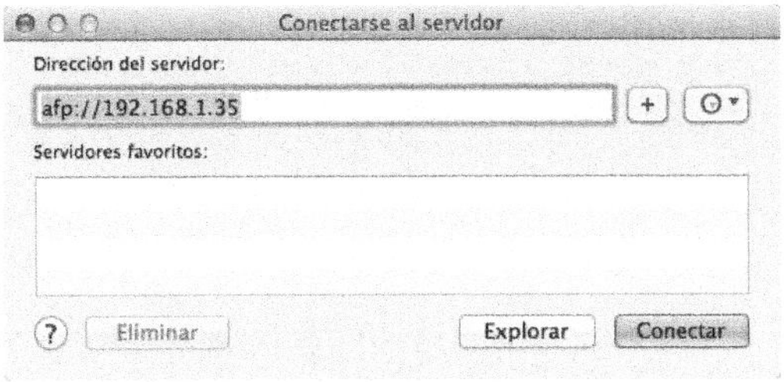

Figura 2.49. Accediendo a la carpeta compartida a través de Conectarse al servidor

2.4.2 Compartir pantalla

La primera acción a realizar será activar la opción de **Compartir pantalla** desde **Preferencias del sistema – Compartir**, elegimos entre permitir el acceso a todos los usuarios o solo a los usuarios y grupos que elijamos, para ello disponemos de los botones de **Añadir** (+) y **Eliminar** (-).

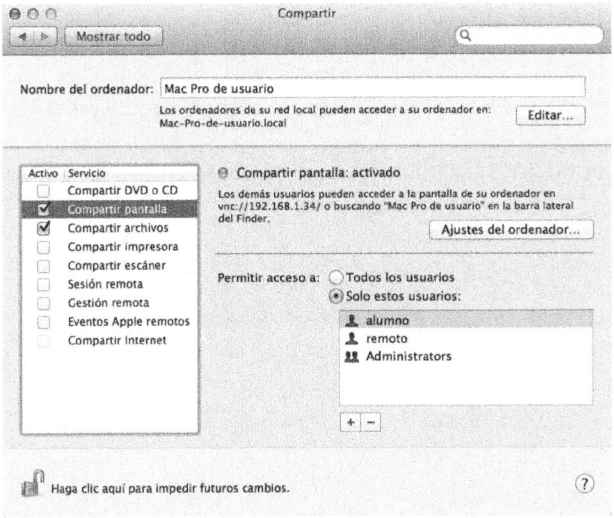

Figura 2.50. Configuración de usuarios que pueden utilizar Compartir pantalla

Si pulsamos en **Ajustes del ordenador**, se desplegará un panel desde donde podemos activar que todos puedan pedir permiso para controlar la pantalla y que si se utilizan visores VNC se les requiera utilizar una contraseña adicional.

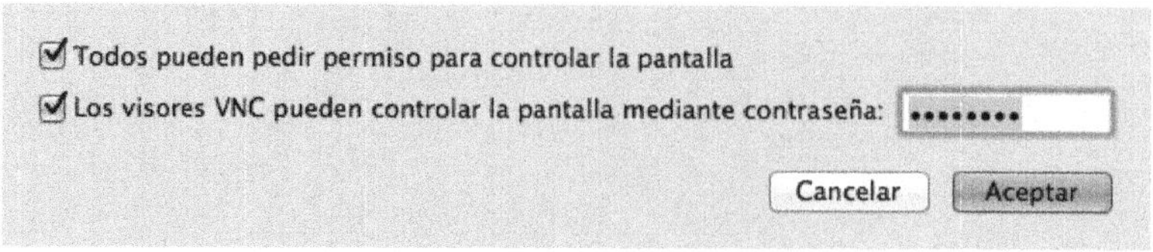

☑ Todos pueden pedir permiso para controlar la pantalla

☑ Los visores VNC pueden controlar la pantalla mediante contraseña: ••••••••

Cancelar   Aceptar

Figura 2.51. Panel de Ajustes del ordenador

Podemos acceder a la pantalla compartida desde el menú de **Finder** – **Ir** – **Conectar al servidor**. Desde allí introducimos *vnc://ip_del_equipo*, a continuación pulsamos en **Conectar**.

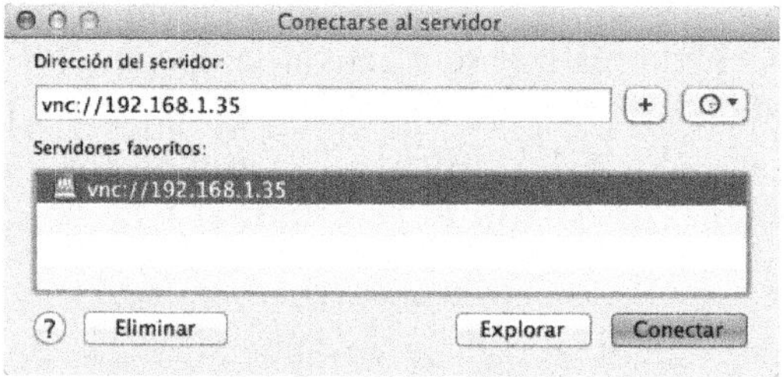

Conectarse al servidor

Dirección del servidor:

vnc://192.168.1.35   +   ☉▾

Servidores favoritos:

🖥 vnc://192.168.1.35

(?)   Eliminar   Explorar   Conectar

Figura 2.52. Accediendo a pantalla compartida a través de Conectarse al servidor

También podemos acceder desde el panel derecho de cualquier ventana del **Finder**.

Figura 2.53. Acceso a la pantalla compartida a través del apartado Compartido

De cualquiera de las dos formas anteriores aparecerá a continuación la siguiente ventana solicitando el nombre de usuario y la contraseña con los que nos vamos a conectar.

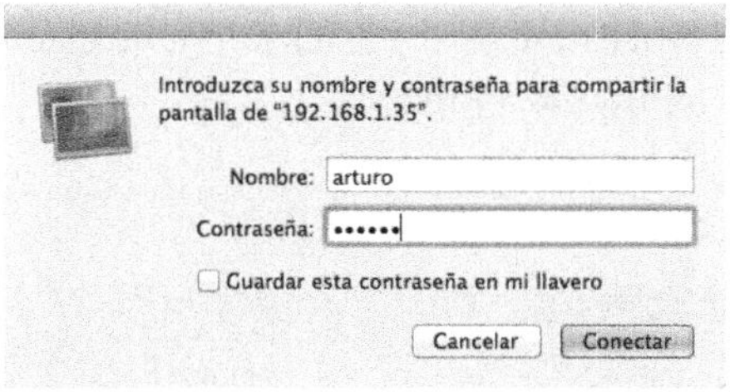

Figura 2.54. Ventana solicitando usuario y contraseña

El siguiente paso será establecer el modo en que nos vamos a conectar: solicitando permiso al usuario que está utilizando el equipo y, por tanto, compartiendo su escritorio con nosotros, o iniciando una sesión nueva con nuestro usuario.

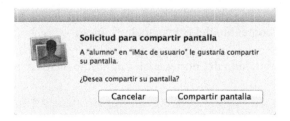

Figura 2.55. Ventana mostrando los dos modos de conexión

Si iniciamos sesión con nuestro usuario, aparecerá una pantalla de inicio de sesión, igual que si iniciáramos sesión de forma local; y si optamos por la otra opción, se le mostrará al otro usuario la siguiente pantalla solicitando permiso para compartir la pantalla. Debe pulsar en **Compartir pantalla** para que el proceso finalice con éxito.

Figura 2.56. Ventana de Solicitud para compartir pantalla

Finalizado este proceso, nuestro usuario podrá acceder a la pantalla del otro equipo. El aspecto será similar al siguiente:

Figura 2.57. Compartiendo pantalla entre dos equipos

En la parte superior de la ventana disponemos de una barra de herramientas con las siguientes opciones:

- Alternar entre el modo Control y el modo Observación.

- Ajustar pantalla a ventana.

- Capturar la pantalla como archivo.

- Compartir automáticamente el contenido del portapapeles.

- Obtener contenido del portapapeles remoto.

- Enviar contenido del portapapeles al portapapeles remoto.

Figura 2.58. Barra de herramientas de Compartir pantalla

Dentro de las **Preferencias de Compartir pantalla** tenemos las siguientes opciones:

- **Visualización**. Podemos escalar hasta ajustar al espacio disponible o mostrar la pantalla a tamaño completo.

- **Al establecer conexión** podemos intentar controlarlo, si es posible, o simplemente observarlo.

- **Al controlar un Mac** podemos establecer que las contraseñas y combinaciones de teclas se encripten (lo cual es más rápido) o que todo esté encriptado (lo cual es más seguro). También podemos compartir el portapapeles.

- **Al mostrar pantallas remotas**. La pantalla remota podemos adaptarla a la calidad de la red (más rápido) o mostrarla a máxima calidad (más lento).

- **Desplazarse por la pantalla**. Si al desactivar **Ajustar pantalla a ventana**, el tamaño de la pantalla remota es mayor que la ventana que la contiene podemos hacer que la pantalla se desplace cuando el cursor llegue al borde, que se mueva junto con el cursor o que se muestren las barras de desplazamiento (que ajustaremos manualmente).

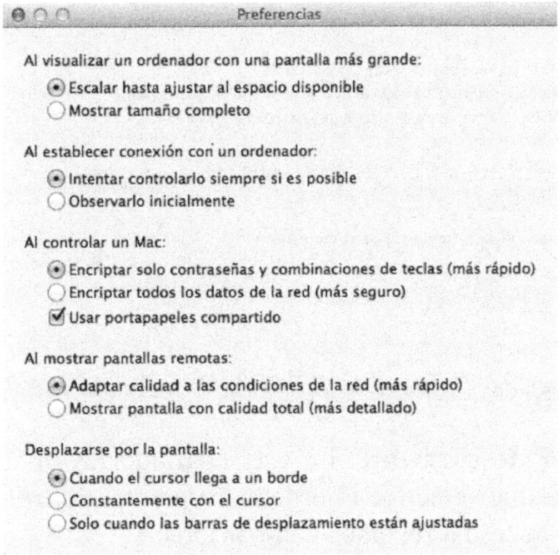

Figura 2.59. Preferencias de Compartir pantalla

2.5 CONTROL DE ENERGÍA

Para aumentar el tiempo de duración de la batería, un Mac se puede configurar para entrar en reposo. Si no utilizas el Mac durante un período de tiempo preestablecido, este pasa al modo de bajo consumo hasta que se vuelva a activar cuando se pulse una tecla, el *trackpad* o se mueva el ratón. En este estado de reposo el equipo no está apagado, es un estado de inactividad en el que se consume menos energía, y, al reactivarlo, el tiempo de espera es mucho menor que si arrancamos el ordenador apagado.

Podemos configurar las opciones de energía desde **Preferencias del sistema – Economizador**. En esta ventana aparecen dos bloques de opciones:

- **Batería**. Aquí podemos establecer el tiempo que tardan el ordenador y la pantalla en pasar al estado de reposo. Podemos activar que el disco se ponga en reposo, que se atenúe la pantalla al usar la batería o que se reduzca el brillo antes de pasar al estado de reposo.

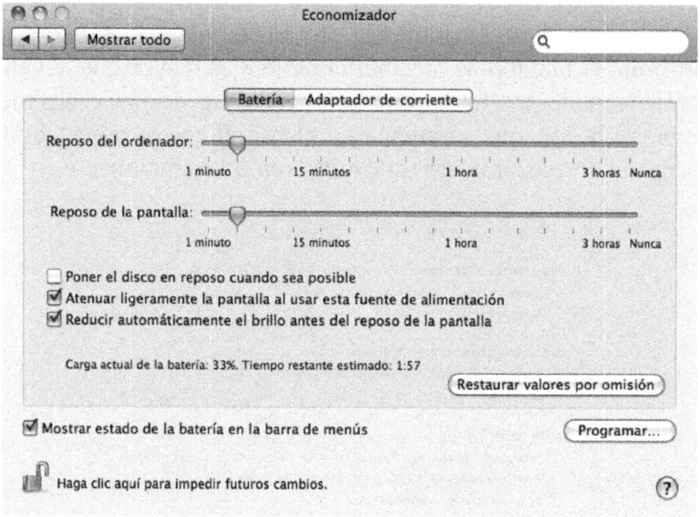

Figura 2.60. Opciones del Economizador para uso de Batería

- **Adaptador de corriente**. En este apartado las opciones son similares, incluyendo que se active el ordenador para permitir el acceso a la Red y facilitar el acceso a recursos compartidos.

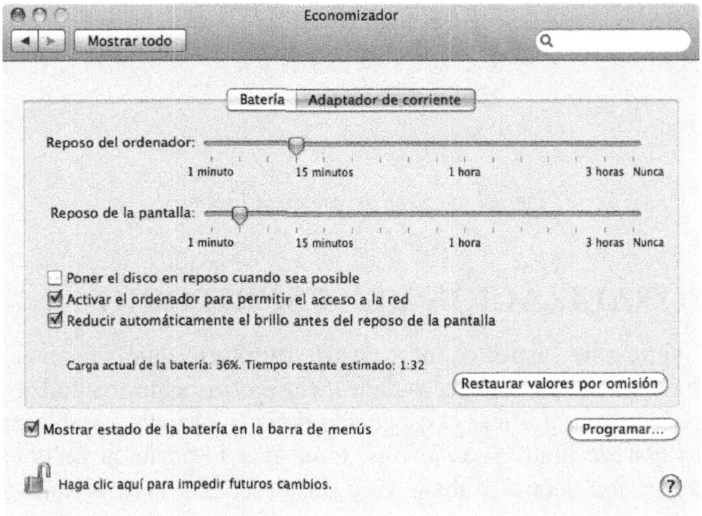

Figura 2.61. Opciones del Economizador para uso con Adaptador de corriente

Dependiendo del modelo de Mac podemos encontrarnos con otras opciones como el **Cambio automático de modalidad de gráficos**, de esta forma el equipo alternará entre los modos gráficos para que la batería dure más.

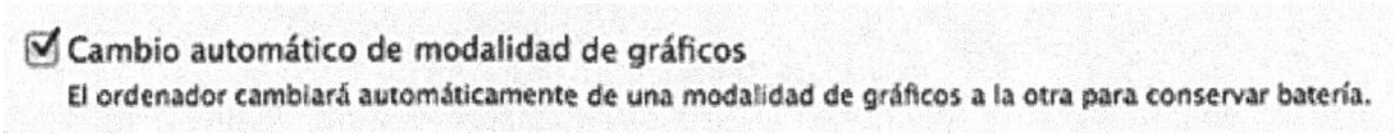

Figura 2.62. Detalle de la opción Cambio automático de modalidad de gráficos

Los últimos modelos incorporan la opción **Power Nap** con la que el Mac sigue trabajando de forma silenciosa cuando entra en modo reposo, realizando acciones como copias de seguridad, comprobación de correo, comprobación de novedades en los calendarios o actualizaciones.

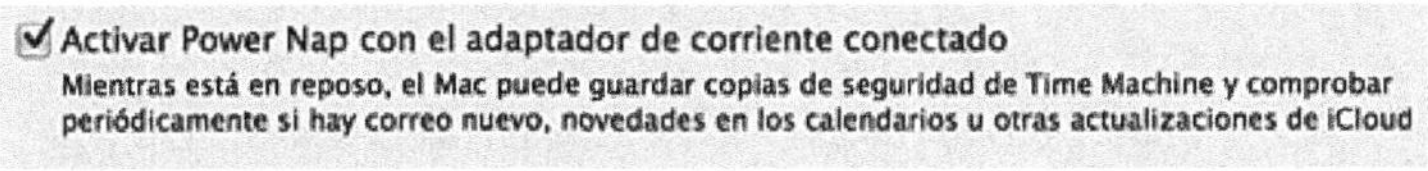

Figura 2.63. Detalle de la opción Power Nap con adaptador de corriente

Por último, en la parte inferior de la ventana tenemos la opción de **Mostrar el estado de la batería en la barra de menús** y un botón para programar diariamente cuándo dejar el ordenador en reposo, o apagarlo y encenderlo.

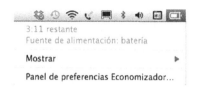

Figura 2.64. Menú del estado de la batería

2.6 PERSONALIZACIÓN DEL ESCRITORIO

Son varios los aspectos de nuestro escritorio que tenemos opción de cambiar en función de nuestras necesidades, entre otros aspectos podemos variar el tamaño de los iconos, modificar el espaciado de la cuadrícula, establecer el tamaño del texto que aparece junto a los iconos, modificar la posición de la etiqueta que aparece junto a los iconos (abajo o a la derecha), activar que se muestre información del archivo, activar que el icono sea una previsualización del archivo (en el caso de imágenes o textos) y establecer un orden para los iconos del escritorio. Para realizar estas acciones basta con hacer clic en el escritorio y desde la barra de menús pulsar en **Visualización – Mostrar opciones de visualización**.

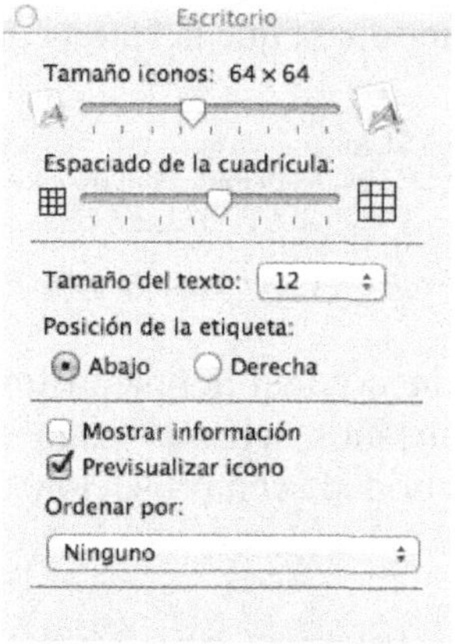

Figura 2.65. Opciones de Visualización del escritorio

Otra de las acciones habituales es cambiar el fondo de escritorio, para ello accedemos a **Preferencias del sistema** y dentro de la ventana escogemos **Escritorio y Salvapantallas**.

Dentro del apartado **Escritorio** tenemos distintas posibilidades:

- Escoger una imagen que se encuentre en alguna de las carpetas que aparecen en la barra de la izquierda.

- Utilizar colores sólidos, seleccionándolos desde la barra de la izquierda dentro del apartado **Apple**.

- Utilizar una imagen ubicada en la carpeta **Imágenes** (esta aparecerá desplegando **Carpetas**). Si la imagen está en otro lugar pulsaremos el botón + para añadir dicha carpeta.

Si la imagen no tiene el tamaño suficiente aparecerá un desplegable junto a la imagen elegida donde podremos establecer que la imagen llene la pantalla, se ajuste a esta, se amplíe hasta rellenar, se muestre centrada o en mosaico.

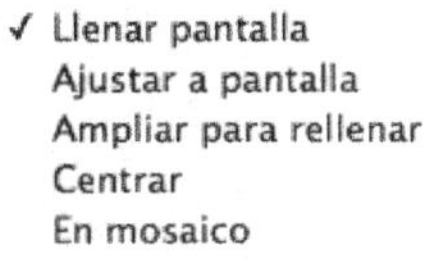

✓ Llenar pantalla
Ajustar a pantalla
Ampliar para rellenar
Centrar
En mosaico

Figura 2.66. Menú desplegable para las opciones de imagen

En la parte inferior de la ventana podemos establecer que la imagen cambie, entre todas las de la carpeta elegida, al iniciar sesión, al salir del reposo o en intervalos de tiempo que varían desde los 5 segundos hasta un día. Si marcamos la opción **Orden aleatorio**, las imágenes se mostrarán aleatoriamente; es decir, no en el orden en que se muestran dentro de la carpeta, que es el que se sigue por defecto. Finalmente, tenemos la opción de mostrar la barra de menús translúcida o de forma opaca.

Figura 2.67. Opciones de fondo de escritorio

En el otro apartado tenemos las opciones del **Salvapantallas**, en el panel izquierdo podemos escoger entre distintos estilos de pases de diapositivas, que a su vez permiten elegir entre cuatro colecciones de imágenes establecidas o una carpeta con imágenes que seleccionemos, y también podemos activar la opción de que se altere el orden de las diapositivas. Por otro lado, también podemos escoger salvapantallas específicos, cada uno con sus opciones.

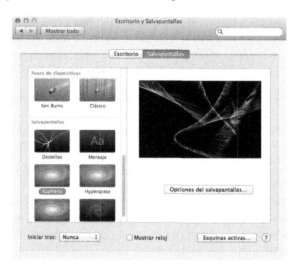

Figura 2.68. Opciones del salvapantallas

En la parte inferior derecha podemos establecer cuándo se iniciará el salvapantallas —el intervalo de tiempo varía entre un minuto y una hora—, o desactivarlo eligiendo **Nunca**. También podemos activar que se muestre el reloj. En la parte inferior derecha se encuentra el botón **Esquinas activas**, que es el mismo que vimos en las opciones de **Mission Control** y que ya comentamos.

2.7 PREFERENCIAS DEL SISTEMA

Podemos configurar las diferentes opciones de nuestro sistema desde **Preferencias del sistema**. Podemos acceder a ellas desde **Aplicaciones**, desde **Launchpad** o desde el icono situado en el **Dock**.

Preferencias del
Sistema

Figura 2.69. Icono de Preferencias del sistema

Se encuentra dividido en cinco bloques: **Personal, Hardware, Internet y conexiones inalámbricas, Sistema** y **Complementos**, aunque este último solo aparece si están instaladas aplicaciones de terceros que se puedan configurar desde aquí. Esta apariencia puede cambiarse desde la barra de menús pulsando en **Visualización**; por defecto se organiza por categorías pero también se puede establecer la organización alfabética. También podemos ocultar alguno de los elementos desde **Visualización – Personalizar**, bastará con desmarcar el icono que no queremos que se muestre.

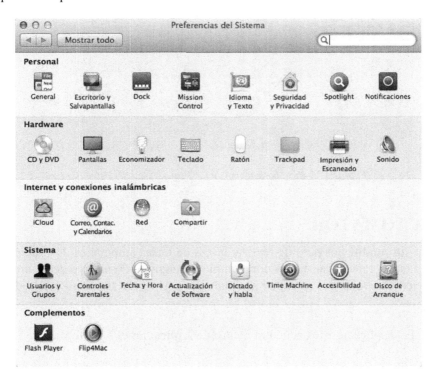

Figura 2.70. Preferencias del Sistema organizadas por categorías

Dispone de un cuadro de búsqueda en la parte superior que nos mostrará las opciones relacionadas y realzará los iconos relacionados con la búsqueda.

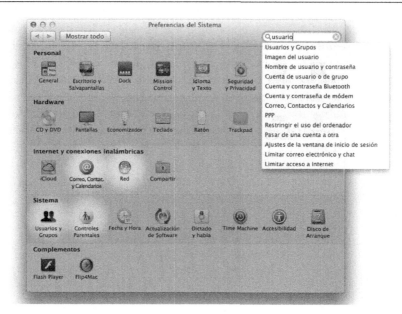

Figura 2.71. Búsqueda dentro de las Preferencias del sistema

2.8 AUTOMATOR

Automator nos permite realizar tareas de forma automática, lo cual es muy útil para tareas repetitivas, como por ejemplo el renombrado masivo de archivos, la realización de copias de seguridad programadas o el cierre simultáneo de todas las aplicaciones.

Esta aplicación se encuentra dentro de **Aplicaciones – Automator**.

Automator

Figura 2.72. Icono de Automator

Al abrir **Automator** lo primero que debemos hacer es elegir el tipo de documento. Aunque al entrar se puede realizar una primera elección, siempre existe la posibilidad de guardarlos con el formato que se quiera (por ejemplo, un flujo de trabajo se puede grabar como aplicación). A continuación se va a explicar cada una de las siete plantillas:

- **Flujo de trabajo**. Es un flujo de trabajo que contendrá acciones que se ejecutarán desde **Automator**. Se pueden grabar en ficheros con extensión .workflow. Cuando se quiere crear un proyecto es mejor crear un flujo de trabajo que una aplicación, puesto que permite modificarlo y afinarlo. Por el contrario, tiene el inconveniente de que siempre hay que abrir Automator para ejecutarlo; además, no tiene flujo de entrada.

- **Aplicación**. Una aplicación es un flujo de trabajo salvado como aplicación. Las aplicaciones funcionan igual que cualquier otra aplicación en OS X. Una aplicación no necesita de Automator para ejecutarse. Por tanto, son flujos de trabajo autoejecutables que se activan al arrastrar sobre ellos un archivo o carpeta que se utilizarán como flujo de entrada. Cuando se tiene afinado un flujo de trabajo, lo más normal es salvarlo como aplicación. La desventaja de las aplicaciones frente a los flujos de trabajo es que ocupan mucho más espacio. Por ejemplo, podemos crear una aplicación con la acción **Renombrar ítems del Finder** que renombre los archivos cuando los arrastremos sobre la aplicación.

Figura 2.73. Tipo de documento para Automator

- **Servicio**. Son flujos de trabajo que aparecerán en el menú contextual de las aplicaciones en la barra de menús dentro del apartado **Servicios** y, por lo tanto, su utilización es rápida y cómoda. Pueden tener como flujo de entrada tanto texto como archivos de la aplicación donde se usen. Además tienen la ventaja de que se les puede asignar combinaciones de teclas. Por ejemplo, podemos crear un servicio llamado **crear imágenes en miniatura** que cree de forma automática imágenes más pequeñas de una serie de imágenes seleccionadas.

- **Módulo de impresión**. Los módulos de impresión muestran nuevas opciones dentro del diálogo de impresión y permiten hacer modificaciones sobre los documentos a la hora de imprimir. Aparece en las opciones **PDF** dentro de **Imprimir**. Un ejemplo de uso podría ser el convertir la impresión de un documento en documentos individuales de tipo PDF de una página.

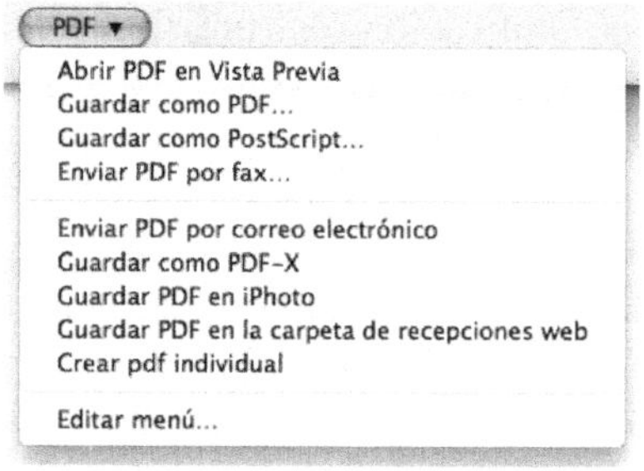

Figura 2.74. Detalle del flujo Crear PDF individual dentro de Imprimir

- **Acción de carpeta**. Son flujos de trabajo que se añaden a una carpeta del Finder que elijamos. Al copiar archivos a la carpeta o crear carpetas dentro de ella se ejecutará este flujo de trabajo utilizando esos elementos como datos de entrada. Generalmente, las acciones de carpeta se utilizan cuando se copian imágenes o para hacer *backups* en la red. Por ejemplo, si creamos una acción de carpeta sobre la carpeta **fotos** con la acción **Carpeta nueva**, especificamos como nombre de carpeta **copia** y ubicación el **escritorio**, cuando añadamos un archivo a la carpeta **fotos** se creará la carpeta **copia** conteniendo el archivo que añadimos y los sucesivos archivos que adjuntemos a la carpeta **fotos** se duplicarán en la carpeta **copia**.

- **Alarma de Calendario**. Estos flujos de trabajo se ejecutan cuando se produce un evento de **Calendario** y de esa manera poder programar flujos de trabajo en momentos específicos. No tienen datos de entrada. Por ejemplo, se puede establecer que suene una canción al producirse el evento.

- **Módulo Captura de Imagen**. Estos flujos de trabajo aparecen dentro de **Captura de Imagen** en el botón desplegable **Importar a** y su flujo de entrada son los archivos de imagen. La aplicación **Captura de Imagen** se utiliza para importar imágenes desde una cámara o escáner. Por ejemplo, podemos crear un flujo de trabajo para bajar la resolución o para invertir las imágenes que importemos de estos dispositivos.

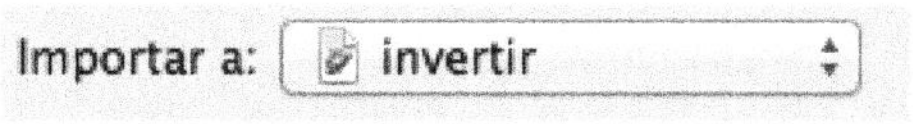

Figura 2.75. Detalle del flujo invertir dentro de Captura de Imagen

En la ventana para crear flujos tenemos en la parte izquierda un panel con las bibliotecas de acciones junto a otro panel que muestra las acciones que contiene la biblioteca seleccionada. En la parte inferior se nos muestra información sobre la acción que seleccionemos y en el panel izquierdo aparecen las opciones de configuración del flujo de trabajo junto a una zona donde arrastrar las acciones que establezcamos para el flujo de trabajo. En la parte inferior izquierda tenemos un panel de registro donde se mostrarán los resultados de la automatización.

En la parte superior izquierda de la barra de herramientas tenemos los botones para **Ocultar biblioteca** y para insertar archivos multimedia (como el caso de añadir una canción para la alerta de **Calendario**). En la parte derecha tenemos una botonera similar a la de un programa de reproducción/grabación para probar nuestros flujos.

Figura 2.76. Ejemplo de flujo de trabajo Alarma de Calendario

En el capítulo 8 se tratará paso a paso la creación de flujos de trabajo.

Capítulo 3

INSTALACIÓN DE SOFTWARE

La instalación de aplicaciones en un sistema es algo habitual, tanto para usuarios finales como para administradores de sistemas. En este capítulo vamos a detallar las formas de instalación y desinstalación de aplicaciones en el sistema.

La instalación de software y su configuración es el primer paso, y una condición necesaria, para el uso de un programa tras su adquisición.

Es fundamental que este paso tenga éxito, dado que, si el proceso falla, aunque sea parcialmente, es probable que la aplicación directamente no funcione o lo haga de forma incorrecta.

Es necesario, sobre todo en instalaciones de software complejo, que contienen muchos archivos con gran dispersión física e interdependencias con otros componentes, que dicho proceso sea seguro y confiable.

En los últimos años se han desarrollado normas y técnicas cada vez más potentes para simplificar y estandarizar el proceso de instalación del software tanto en Mac OS X como en otros sistemas operativos.

Así, tenemos que en Windows la instalación se basa en la utilización de instaladores mientras que en Linux se fundamenta en paquetes. A diferencia de estos sistemas operativos, disponemos de distintas formas de instalar software en Mac OS X, básicamente son tres:

- Comprar, descargar e instalar las aplicaciones en **App Store**. El proceso es totalmente automático.

- Instalación por copia.

- Instalación con instalador.

Veamos en qué consiste cada una de ellas.

3.1 INSTALACIONES POR COPIA

Este sistema de instalación es muy usado en Mac OS X debido a que los programas de Mac suelen usar librerías comunes del propio Mac OS X para todos ellos, es decir, diferentes aplicaciones comparten las mismas librerías.

Todos los programas que instalemos se organizan en el directorio **Aplicaciones** y se presentan como un paquete simple, con todo lo necesario para que el programa funcione y, en ocasiones, con una lista de preferencias, que se aloja en el mismo directorio, para todos los programas, que es ~/**Library/Preferences**, existiendo un directorio para cada usuario. También se guardan otros archivos relacionados con las aplicaciones dentro de las carpetas ~/**Library/Application support** y ~/**Library/Caches**.

¿Sabías que…?

El símbolo ~ se utiliza para hacer referencia al directorio del usuario ubicado dentro de la carpeta Users, es decir, ~ equivale a */Users/nombre_usuario*. Este símbolo es muy usado en línea de comandos ya que ahorra mucho trabajo y siempre hará referencia al directorio del usuario con el que estemos trabajando, sea cual sea.

Este modelo de instalación hace que, aunque instalemos y desinstalemos gran cantidad de software, el funcionamiento general del sistema operativo no se vea alterado, además de evitar los conflictos de incompatibilidad entre diferentes aplicaciones. Por el contrario, tiene el inconveniente de que si olvidamos versiones antiguas de aplicaciones, estas ocuparán espacio en el disco al instalar las nuevas.

La instalación por copia directa consiste básicamente en arrastrar el programa (paquete de extensión app) a instalar a la carpeta **Aplicaciones**. Si descargamos una aplicación desde Internet, esta suele venir en formato de imagen de disco (dmg o iso), paquete (pkg) o archivo comprimido (zip, rar, tar, gz, etc.).

En cualquiera de estos casos, al montar la imagen o abrir el paquete podemos encontrarnos con la instalación por copia. Cuando esta es posible aparecerá el icono de la aplicación junto a un acceso directo a la carpeta **Aplicaciones**, con lo cual lo único que hay que hacer es arrastrar el icono hacia la carpeta y se producirá la instalación. Si el icono es solamente una imagen, arrastraremos el icono del programa a la carpeta de Aplicaciones. Fácil, limpio y sin más complicaciones. Una vez instalado, como cualquier dispositivo montado, deberemos expulsar o desmontar la unidad (el archivo imagen de disco dmg).

Figura 3.1. Contenido del archivo de imagen del programa VLC

3.2 INSTALACIONES CON INSTALADOR

Este tipo de instalaciones es más similar a las realizadas en otros sistemas operativos. En este caso partimos, igual que en el caso anterior, de un archivo de imagen que contiene un archivo de paquete, o directamente de un paquete. Al hacer doble clic sobre él se inicia el proceso de instalación.

Figura 3.2. Instalación de VirtualBox con instalador

El realizar la instalación con un instalador permite al usuario tener control sobre algunas opciones del proceso tales como elegir la ubicación de la instalación, decidir para qué usuarios estará disponible la aplicación, seleccionar qué elementos del programa se van a instalar, etc. Estas opciones no son siempre las mismas y dependerá del programa de instalación. Normalmente podremos retroceder si queremos cambiar alguna opción anterior y cuando tengamos todo configurado pulsaremos el botón **Instalar**.

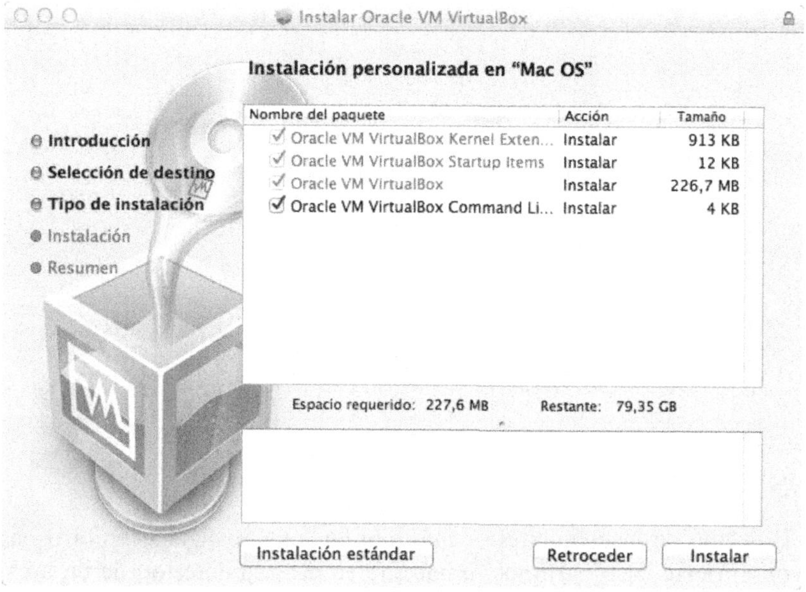

Figura 3.3. Personalizando paquetes de instalación de VirtualBox

3.3 APP STORE

App Store apareció por primera vez en Mac OS X 10.6 Snow Leopard, debido en parte al gran éxito obtenido con **App Store** para sus dispositivos móviles.

Para poder usar **App Store** es necesario disponer del ID de Apple. Este identificador no es más que un nombre de usuario que permite realizar todas las gestiones en Apple, tanto con iTunes (aunque lo utilicemos en otro sistema operativo) como con nuestros dispositivos móviles iPhone, iPod o iPad.

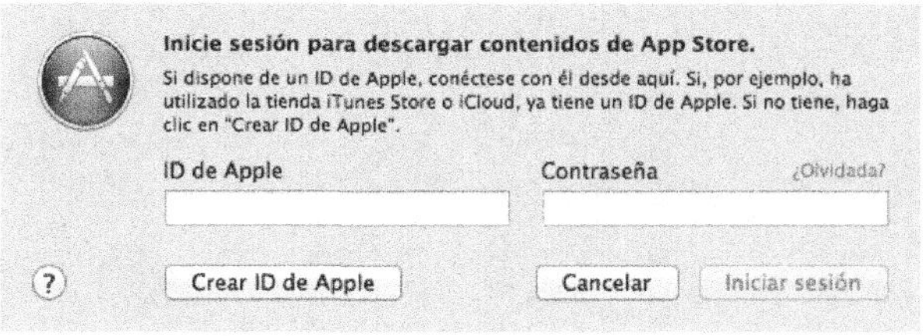

Figura 3.4. Ventana de inicio de sesión con el ID de Apple

App Store es accesible desde el icono correspondiente de nuestro **Dock**, una vez accedamos a él veremos en la parte superior de la ventana los botones siguientes:

- **Destacado**. Esta es la vista por defecto cuando abrimos **App Store**. Muestra las aplicaciones destacadas y también las más recientes.

- **Top charts**. Aquí aparecen las aplicaciones ordenadas según sean de pago, gratuitas o por ingresos

- **Categorías**. En este apartado las aplicaciones están organizadas por categorías como **Economía y empresa**, **Para desarrolladores**, **Educación**, **Productividad** o **Utilidades**, entre otras muchas.

Figura 3.5. Detalle de las distintas opciones en App Store

- **Comprado**. Aquí aparecerá un listado de las aplicaciones que hemos adquirido, tanto las de pago como las gratuitas.

- **Actualizaciones**. En este último bloque aparecerán las aplicaciones que disponen de una actualización, podremos realizarla sin más que pulsar el botón **Actualizar**.

En la parte superior derecha de la ventana disponemos de un cuadro de búsqueda donde podemos introducir el nombre de la aplicación o alguna palabra relacionada. A continuación se mostrarán todas las aplicaciones relacionadas con la palabra introducida.

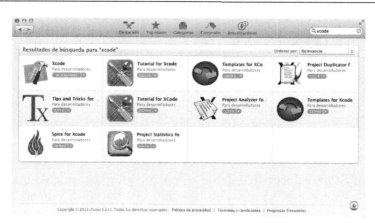

Figura 3.6. Resultados de la búsqueda de Xcode en App Store

Una vez localizada la aplicación que queremos instalar podemos acceder a información sobre la aplicación como la fecha de la última actualización, el número de versión, el precio o el tamaño. También podemos leer las reseñas de otros usuarios y la puntuación que ha recibido.

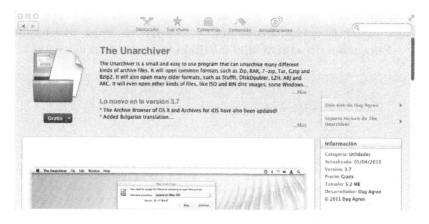

Figura 3.7. Información de la aplicación The Unarchiver

A continuación pulsamos en el botón donde aparece el precio de la aplicación o la palabra **Gratis** (si es gratuita) y volvemos a pulsar en **Comprar App** (o **Instalar App**), iniciándose el proceso de instalación. En el caso de aplicaciones de pago se requiere una nueva verificación de seguridad y contestar las preguntas de seguridad que establecimos para nuestro ID de Apple. Para pagar las aplicaciones podemos configurar en nuestra cuenta el pago con tarjeta de crédito o con tarjeta iTunes.

3.4 DESINSTALACIÓN DE APLICACIONES

De forma análoga a los distintos tipos de instalación de aplicaciones que hemos visto en Mac OS X tenemos también que el proceso para su desinstalación varía dependiendo del método empleado al instalarlas.

Si la aplicación se ha adquirido a través de la **App Store**, el método de desinstalación es similar al empleado en iOS, entraremos en **Launchpad** y mantendremos pulsado el icono de una aplicación hasta que notemos que los iconos empiezan a oscilar, en ese momento observaremos que en algunas aplicaciones ha aparecido un botón de **Eliminar** (círculo con una *x*). Hay que tener en cuenta que esta *x* solo aparecerá en aquellas aplicaciones instaladas desde **App Store**. Pulsando sobre el botón **Eliminar** se desinstalará la aplicación.

Figura 3.8. Desinstalación de una aplicación desde Launchpad

En el caso de aplicaciones instaladas por el método de copia directa bastará con arrastrar la aplicación a la papelera y a continuación proceder a vaciar la misma.

No obstante, existen programas que permiten eliminar además otros archivos, como los que almacenan las preferencias, datos de soporte o la caché. Entre estos destacan **AppCleaner** y **CleanMyMac**.

En este apartado solo vamos a ver **AppCleaner** puesto que trataremos **CleanMyMac** en el capítulo 9. **AppCleaner** es una aplicación gratuita que tiene un funcionamiento muy sencillo. Descargaremos el programa de la página *www.freemacsoft.net*, en este caso se descarga directamente el archivo **AppCleaner.app**, con lo cual solo tenemos que arrastrar el archivo a la carpeta **Aplicaciones**. Al ejecutar el programa nos aparece una ventana con tres botones en la parte superior:

- **Aplicaciones**. Muestra todas las aplicaciones instaladas, por defecto las aplicaciones que se incluyen en Mac OS X están protegidas y no se pueden desinstalar (aunque esto se puede modificar desde **Preferencias**).

- *Widgets*. Al pulsar sobre él aparecerán todos los *widgets* disponibles (no solamente los que tenemos en el **Dashboard**, sino todos los que podemos añadir).

- **Otros**. En este apartado encontraremos, entre otros, *plugins*, protectores de pantalla o códecs.

Figura 3.9. Ventana principal de AppCleaner

Además, disponemos de un botón de búsqueda para buscar la aplicación a borrar, o simplemente podemos arrastrarla dentro de **AppCleaner**, con lo cual reconoce todos los archivos asociados.

Una vez seleccionada la aplicación, mostrará esta junto con todos sus archivos asociados, si pulsamos el botón **Borrar** se producirá la eliminación.

Figura 3.10. Archivos relacionados con la aplicación DiskDrill

Para aplicaciones que se instalan usando instalador se suelen utilizar desinstaladores que se pueden encontrar dentro de la propia imagen (archivo dmg) donde se encontraba el instalador.

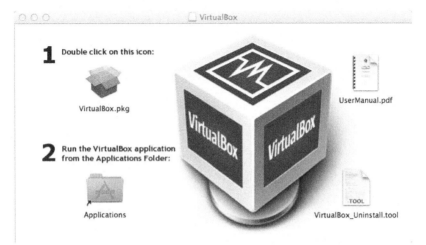

Figura 3.11. VirtualBox incorpora su propia herramienta de desinstalación

VirtualBox, por ejemplo, dispone de un *script* de desinstalación que abre un terminal, donde, tras pedirnos confirmación, realizará la desinstalación del programa.

```
org.virtualbox.kext.VBoxUSB
org.virtualbox.kext.VBoxNetFlt
org.virtualbox.kext.VBoxNetAdp
org.virtualbox.kext.VBoxDrv

Do you wish to uninstall VirtualBox (Yes/No)?
Yes

The uninstallation processes requires administrative privileges
because some of the installed files cannot be removed by a normal
user. You may be prompted for your password now...

Please enter usuario's password:
unloading org.virtualbox.kext.VBoxUSB
unloading org.virtualbox.kext.VBoxNetFlt
unloading org.virtualbox.kext.VBoxNetAdp
unloading org.virtualbox.kext.VBoxDrv
Successfully uninstalled VirtualBox.
Done.
logout

[Proceso completado]_
```

Figura 3.12. Ejecución del script de desinstalación de VirtualBox

Capítulo 4

IMPRESORAS

Trabajar con impresoras es una tarea rutinaria para cualquier usuario. En Mac se ha simplificado tanto esta tarea que instalar una impresora es casi un proceso de *plug and play*. El sistema hace casi todo el trabajo de instalación por ti. Prácticamente, el único requerimiento es que la impresora sea compatible con Mac.

4.1 CONFIGURAR UNA IMPRESORA EN MAC

Con Mac OS X ya no es necesario instalar ningún software de terceros para poder utilizarla. Si es una impresora compatible con Mac bastaría con conectarla, vía USB, a la red interna o por medio de Bluetooth para poder trabajar con ella. Se recomienda no instalar ningún software dado que Apple tendrá los últimos *drivers* y por lo tanto las últimas versiones del software corrigen errores y hacen que el dispositivo sea más eficiente.

Antes de instalar cualquier impresora...

Recuerda actualizar el software antes de instalar cualquier impresora. Para actualizar el software hay que acceder al menú Mac y elegir la opción **Actualizar software**. De este modo se obtiene la última información enviada a Apple por los fabricantes de impresoras sobre el software de impresión. De esa manera se puede asegurar que, si la impresora es un modelo nuevo, se va a encontrar el software del fabricante.

Figura 4.1. Opción de actualizar software

Antes de poder utilizar la impresora habrá que cerciorarse de que tiene papel, de que los testigos informativos de la impresora no muestran ningún mensaje de error, y de que está bien conectada —si es una impresora USB—, o de que está conectada a la Red si la impresora es Wi-Fi. También habrá que tener en cuenta que el sistema pedirá la contraseña de administrador si es necesario.

Recuerda

Las impresoras compatibles AirPrint no necesitan instalar ningún software de impresión. Mac OS X la añadirá sin más al sistema.

Existen tres formas de añadir una impresora a nuestro Mac:

- Añadir una impresora USB.

- Añadir impresoras cercanas.

- Añadir la impresora mediante el panel de impresión de Preferencias del sistema.

A continuación se detallará cada una de estas opciones:

4.1.1 Instalar una impresora USB

Una impresora compatible basta con conectarla a un puerto USB del equipo y el sistema creará una cola de impresión automáticamente para esa impresora. Habrá que descargar el software de la impresora desde Apple. En ocasiones, el sistema ya tiene el software de la impresora y la cola de impresión se crea de forma transparente.

Figura 4.2. Descarga de drivers de una impresora desde Apple

4.1.2 Instalar impresoras cercanas

Desde cualquier aplicación, en el menú **Imprimir** se puede elegir una impresora cercana (aquellas que están conectadas a nuestra red).

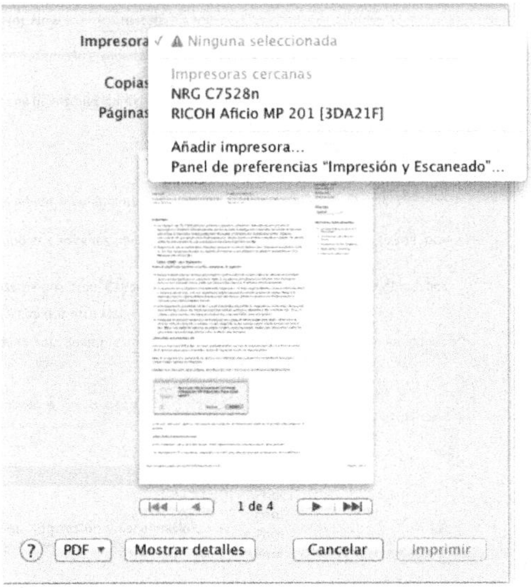

Figura 4.3. Impresoras cercanas a nuestro Mac

Las impresoras cercanas son aquellas que están conectadas por USB a algún Airport (Extreme o Express) o Time Capsule, impresoras conectadas a la red por Wi-Fi o cable y que soporten el protocolo Bonjour o alguna impresora compartida en la red por otro Mac.

Al igual que se comentaba en el primer caso, el sistema se descargará los *drivers* desde Apple en el momento que se elija trabajar con dicha impresora.

Configurando "NRG C7528n"...
Hay software para esta impresora disponible en Apple.
¿Desea descargarlo e instalarlo?

Cancelar   Descargar e instalar

Figura 4.4. Descargando e instalando drivers de la impresora

Bonjour

Bonjour se utiliza para descubrir servicios en una red local y permite establecer una red sin tener que hacer ningún tipo de configuración. De esa manera se pueden encontrar impresoras y servidores de ficheros desde un equipo Mac, entre otras opciones.

4.1.3 Instalar impresoras mediante el panel de impresión de Preferencias del sistema

Figura 4.5. Panel de Preferencias del sistema

Otra opción es utilizar, en el panel de preferencias, la opción de impresión. La encontraremos dentro del panel de **Preferencias del sistema** (figura anterior), opción **Impresión y Escaneado**.

Lo primero que hay que hacer en el diálogo de impresoras es verificar y quitar el bloqueo si es necesario (abrir el candado) para poder realizar modificaciones e instalar impresoras.

Figura 4.6. Icono de desbloqueo para poder realizar cambios

El mismo diálogo nos invita a pulsar el botón + para poder configurar una nueva impresora. Se podrá elegir agregar una impresora cercana u otra impresora o escáner en el caso de no aparecer la impresora que se desea añadir como cercana.

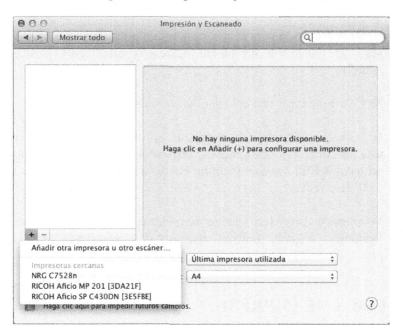

Figura 4.7. Agregando otra impresora o escáner

Para instalar otras impresoras se utilizará el siguiente diálogo, en el cual aparecen cuatro opciones:

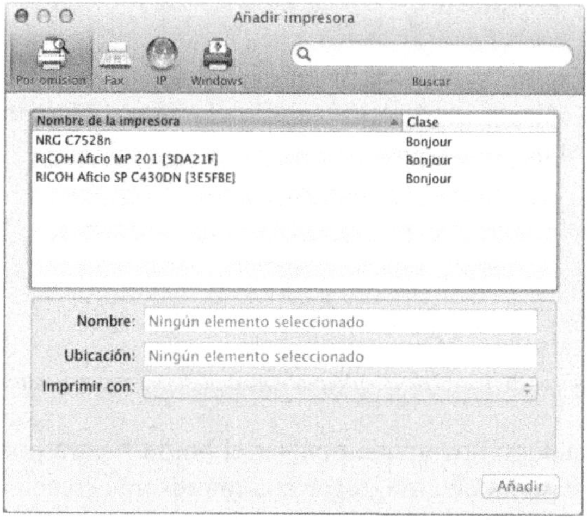

Figura 4.8. Agregando una impresora

- **Default**. Utilizada para añadir cualquier impresora que el Mac pueda ver vía USB, Bonjour u otro medio. Basta con seleccionarla y hacer clic en **Añadir**.

- **Fax**. Permite crear una cola para un fax conectado al Mac.

- **IP**. Opción utilizada si la impresora no utiliza Bonjour o la impresora está en otra red. Se pueden utilizar impresoras que soporten los protocolos IPP (*Internet Printing Protocol*), LPD (*Line Printer Daemon*) o HP Jetdirect.

- **Windows©**. Los Mac, además de poder unirse a un grupo de trabajo de Windows pueden utilizar impresoras compartidas mediante los protocolos CIFS o SMB de Windows.

4.2 LA COLA DE IMPRESIÓN

El icono de la cola de impresión aparece una vez se imprime cualquier trabajo. Además, este icono muestra información; por ejemplo, si ocurre cualquier problema.

El icono muestra un circulito rojo con el número de trabajos que tiene la cola de impresión, un circulito verde si la cola de impresión está en pausa o un circulito amarillo en caso de ocurrir cualquier problema.

Figura 4.9. Icono de la cola de impresión en el Dock

A continuación se muestra una cola de impresión:

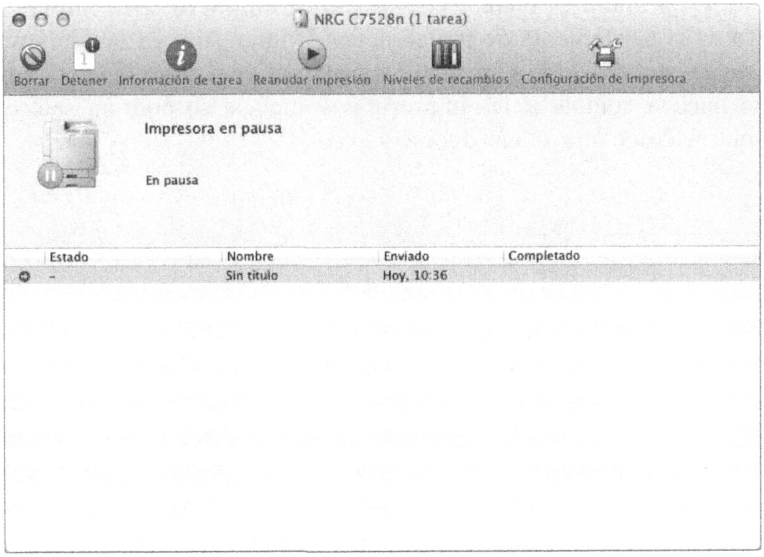

Figura 4.10. Cola de impresión de una impresora

Como se puede observar, en la ventana donde se administra la cola de impresión se puede pausar, reanudar, borrar trabajos, ver información de los trabajos enviados a la cola, etc.

4.3 COMPARTIR UNA IMPRESORA EN RED

Compartir una impresora en red es una tarea simple y rápida.

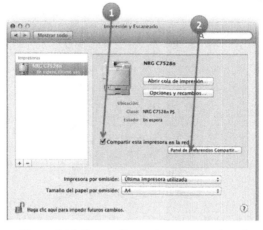

Figura 4.11. Compartir una impresora en la red

Existen dos opciones para compartir una impresora con los demás equipos en una red. La primera es marcar el *checkbox* **Compartir esta impresora en la red** dentro de la herramienta de preferencias de impresión en las Preferencias del sistema (rueda dentada), y la segunda es ir al **Panel de preferencias compartir**, en el cual se pueden compartir las impresoras e incluso se podrían seleccionar los usuarios que se desee que tengan acceso a ellas.

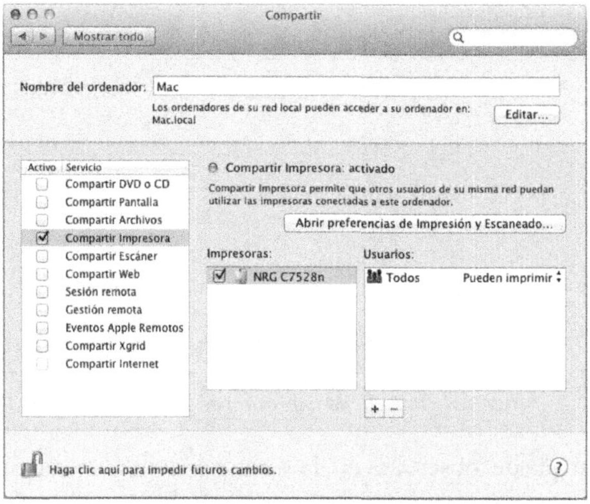

Figura 4.12. Compartiendo impresoras

Si se desea añadir o eliminar usuarios y grupos de usuarios se utilizarán los botones + y -.

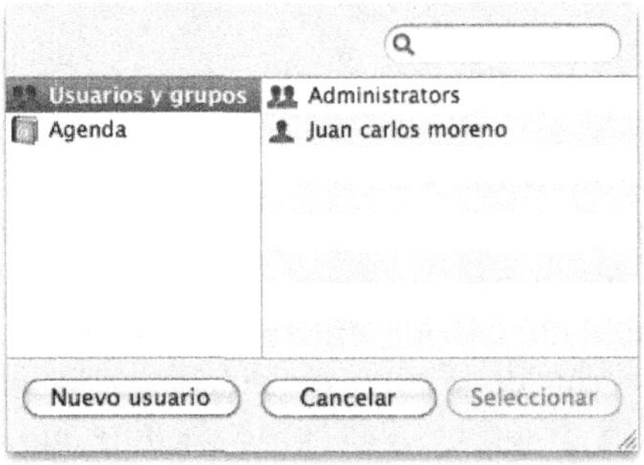

Usuarios y grupos	👥 Administrators
📷 Agenda	👤 Juan carlos moreno

Figura 4.13. Seleccionando grupos o usuarios

Al pulsar el botón + aparecerá el diálogo anterior, en el cual se pueden seleccionar los grupos y usuarios que se desee que impriman en la impresora compartida.

4.4 AIRPRINT

Figura 4.14. Logo AirPrint

AirPrint es una tecnología que permite a dispositivos iOS imprimir vía *wireless*. La ventaja de esta tecnología es que no se necesita instalar ningún tipo de *driver* o configurar una cola de impresión. Desde iOS 4 todas las aplicaciones que tienen capacidad de impresión pueden utilizar AirPrint.

Para poder imprimir desde un dispositivo iOS se necesita el siguiente hardware:

- **Dispositivo iOS**. La versión de iOS deberá ser 4 o superior y los dispositivos iOS compatibles son:

- **iPad** (todos los modelos).

- **iPhone** (modelo 3GS o superior).

- **iPod touch** de tercera generación o más moderno.

- **Mac OS X**. Se necesitará un equipo con Mac OS X Lion o superior.

- **Impresora compatible con AirPrint**. Existen listados de impresoras españoles, pero los listados en inglés suelen estar más actualizados. Al comienzo, la mayoría de impresoras compatibles con AirPrint eran HP y Epson. Actualmente existen muchos modelos y marcas compatibles. La impresora AirPrint debe estar conectada en la misma red Wi-Fi que el dispositivo iOS desde el cual se desea imprimir. Generalmente, en las redes domésticas solamente existe una red, con lo cual no suele ser un problema.

HandyPrint

HandyPrint es una aplicación de 64 bits que permite imprimir con iPods, iPads e iPhones en impresoras que no soporten AirPrint. Al igual que con AirPrint, los dispositivos iOS tienen que ser versión 4.3 o superior.

El programa se puede descargar e instalar desde la web del desarrollador:

http://www.netputing.com/handyprint/

Para imprimir en una impresora con HandyPrint hay que:

- Instalarlo en un Mac OS X 10.6.8 o superior.

- Tener un equipo de 64 bits (los core duo no están soportados).

- Tener un *router* Wi-Fi compatible con Bonjour (la mayoría lo son).

- Compartir la impresora en la red (ya se vio en un apartado anterior).

- Tener el Mac encendido con una sesión abierta.

Se recomienda antes de instalar cualquier programa de terceros mirar los términos de licencia y su legalidad.

Capítulo 5

COPIAS DE SEGURIDAD. TIME MACHINE

Las copias de seguridad no son solo una buena práctica, sino una necesidad. Una copia de seguridad consiste en hacer una duplicación de todo o parte del sistema. Al tener la información replicada en una segunda ubicación se tiene la ventaja de que, aunque se pierdan los datos por cualquier motivo, se puede recurrir a la copia para recuperarlos.

En caso de un fallo en el sistema (borrado accidental, rotura de un disco, fallo del sistema operativo o alguna aplicación...) se procederá a ejecutar el proceso de restauración del mismo. Este proceso permite dejar el sistema en el estado del mismo momento en el que se hizo el *backup*. Por lo tanto hay que tener en cuenta que las copias de seguridad no deberían estar muy espaciadas en el tiempo. Cuanto más tiempo exista entre copia y copia, mayor será el volumen de información que se pueda perder.

Existen muchos programas para hacer copias de seguridad con Mac pero dada la facilidad de uso de Time Machine y su eficiencia, la mayoría de usuarios Mac utilizan esta solución. Time Machine puede hacer copias de seguridad a discos externos conectados al equipo mediante USB o Thunderbolt, o a otros discos en la red, como una Time Capsule o algún disco conectado a un Airport Extreme.

5.1 ELECCIÓN Y PREPARACIÓN DEL DISCO EXTERNO PARA HACER COPIAS CON TIME MACHINE

En primer lugar, el disco donde se va a realizar el *backup* debería ser más grande que el disco interno del equipo. De esa manera se puede disponer de más copias de seguridad antiguas. Si el disco no es muy grande, Time Machine irá borrando las copias de seguridad más antiguas.

Actualmente existen en el mercado tanto discos externos como Time Capsule de 3 terabytes que permiten almacenar un número razonable de *backups*.

Si el disco no tiene formato o el formato no es reconocido por el sistema, el equipo mostrará el mensaje "El ordenador no lee el disco introducido". Borrándolo con el administrador de discos se podrá utilizar sin problemas.

Una vez elegido el disco, hay que tenerlo formateado con el sistema de archivos Mac OS Plus (con registro). Para ello habrá que hacerlo desde la opción **Borrar** del administrador de discos.

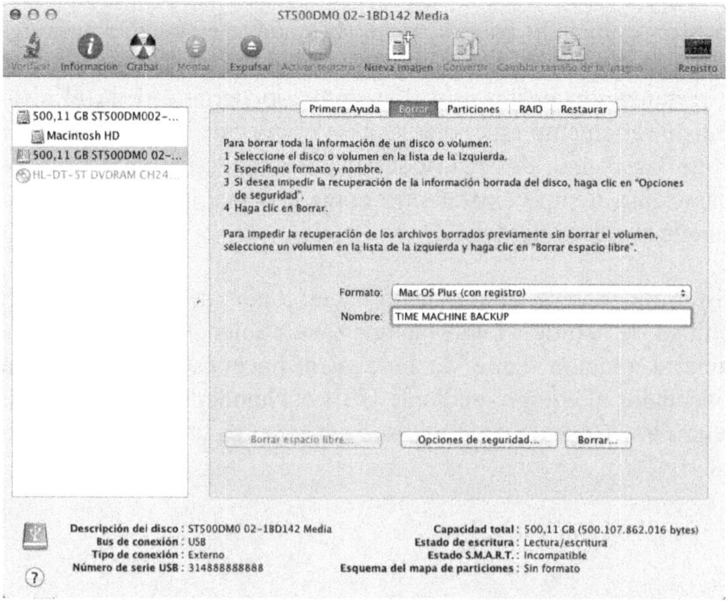

Figura 5.1. Preparando un disco para la utilización con Time Machine

Hay que tener en cuenta que borrar el disco implica formatearlo. Si el disco tenía datos, estos se perderán.

5.2 CONFIGURAR TIME MACHINE

Una vez se tiene el disco listo para usar, el siguiente paso es configurar el Time Machine. La configuración es tan fácil como conectar una unidad de disco y activar Time Machine.

Figura 5.2. Utilización de un disco con Time Machine

Una vez conectado el disco externo, el sistema preguntará si se desea utilizar para realizar una copia de seguridad con Time Machine. Si se elige la opción **Usar este disco**, el sistema borrará los datos del mismo y quedará configurado para utilizarse con Time Machine.

Figura 5.3. Borrando los datos del disco para utilizarlo con Time Machine

Una vez configurado el disco, activando el *switch* de Time Machine a **SÍ**, Time Machine se encargará de realizar automáticamente copias de seguridad cada hora, diarias y semanales. Las copias de seguridad más antiguas se irán borrando cuando el disco se llene, para dejar espacio a las más recientes.

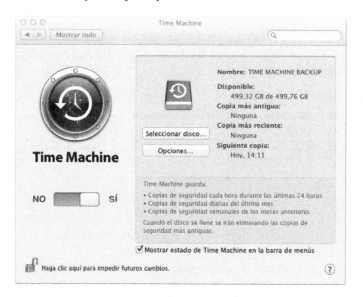

Figura 5.4. Time Machine configurado. Ventana principal de Time Machine

Es posible también forzar a Time Machine a realizar copias de seguridad en un instante determinado. Basta con pulsar con el botón derecho sobre el icono de Time Machine en la barra superior del escritorio y seleccionar **Realizar copia de seguridad ahora**.

Figura 5.5. Icono de Time Machine en la barra superior

5.3 RESTAURAR TODO EL SISTEMA A PARTIR DE UNA COPIA DE SEGURIDAD DE TIME MACHINE

Existen dos formas de recuperar totalmente un sistema. Se puede recuperar todo un sistema de una copia de seguridad de Time Machine en la misma máquina o bien en otra máquina diferente:

- **Si se quiere recuperar el sistema en la misma máquina**. Durante el arranque hay que mantener pulsadas las teclas **Comando + R**. De esa manera se activará la recuperación de OS X. Existen varias opciones a seguir, se puede entrar en la utilidad de discos para chequear el disco, formatearlo, reinstalar OS X o restaurar una copia de seguridad de Time Machine.

- **Si se quiere recuperar el sistema en otra máquina diferente**. Esto ocurre generalmente cuando se compra un nuevo equipo y se desea pasar la información del viejo equipo al nuevo equipo. Tan pronto se conecta el disco con el que se hacen las copias de seguridad aparecerá una aplicación de Mac llamada **Asistente de Migración**. Este programa pedirá la contraseña de administrador y cerrar otras aplicaciones que estén abiertas. Al elegir transferir los datos desde un disco de copia de seguridad habrá que seleccionar entonces los ítems que se desee migrar (se puede seleccionar todo). Una vez pulsado **Continuar**, los ficheros comienzan a transferirse al nuevo equipo.

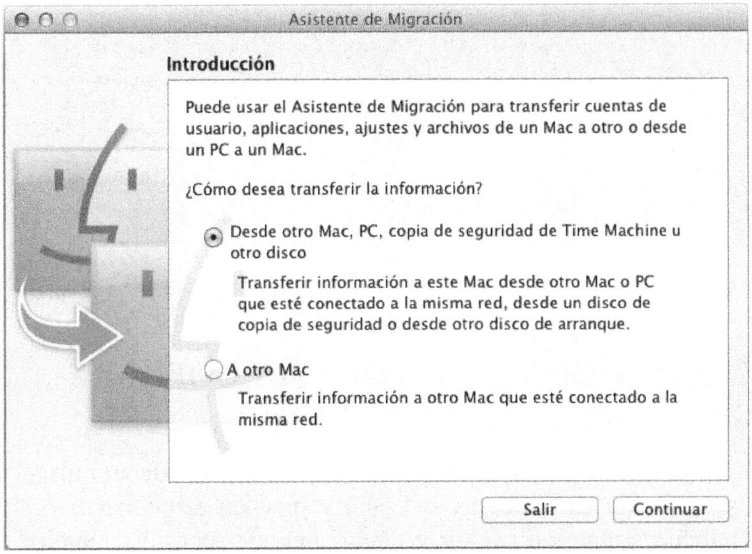

Figura 5.6. Asistente de Migración

5.4 CAMBIAR LA UNIDAD DE COPIA DE SEGURIDAD

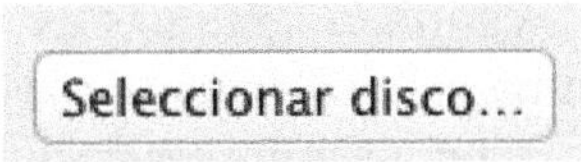

Figura 5.7. Botón para seleccionar la unidad de copia de seguridad

Si se desea almacenar las copias de seguridad en otro disco o Time Capsule de la red local, basta con hacer clic en el botón **Seleccionar disco...** y elegir la nueva unidad o Time Capsule.

Dentro de esta opción se puede hacer clic en **Configurar otra Time Capsule** para configurar otra Time Capsule desde la utilidad Airport.

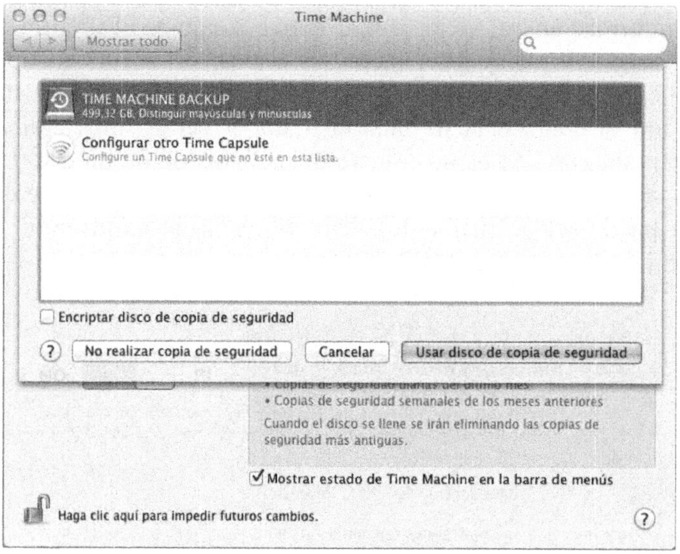

Figura 5.8. Opción Seleccionar disco...

5.5 EXCLUIR ELEMENTOS DE UNA COPIA DE SEGURIDAD

En la ventana principal de Time Machine se puede pulsar el botón **Opciones** y aparecerá un diálogo en el cual se pueden elegir ficheros, carpetas o incluso volúmenes enteros a excluir en las copias de seguridad. Suelen excluirse ficheros por cuestiones de seguridad o por razón de espacio. Si se excluyen archivos muy grandes, como vídeos o películas, la unidad de copia de seguridad tarda más en llenarse

Dentro de este diálogo existen opciones interesantes, como que el sistema avise cuando las copias de seguridad antiguas se hayan borrado o bloquear documentos después de la última edición para que las aplicaciones que utilizan el guardado automático no modifiquen los archivos accidentalmente.

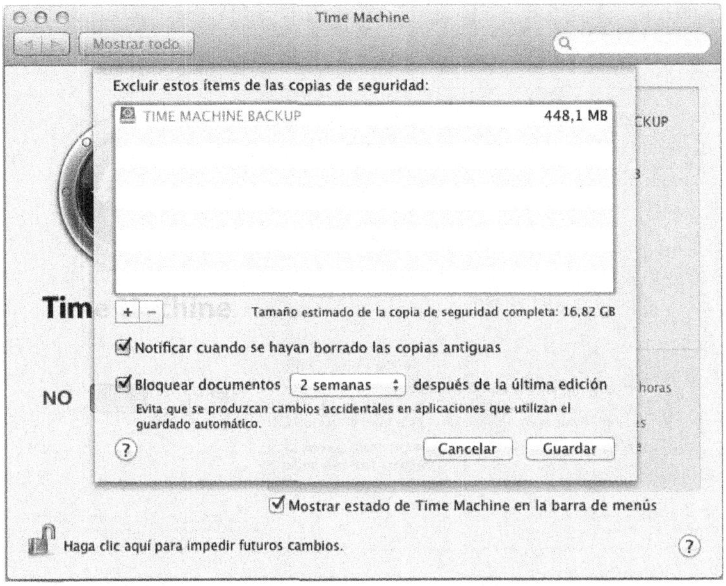

Figura 5.9. Excluir ítems de las copias de seguridad

5.6 RESTAURAR DATOS DE UNA COPIA DE SEGURIDAD

Para restaurar archivos antiguos de nuestro equipo hay que hacer un viaje al pasado. Eso implica entrar en Time Machine y seleccionar los archivos o carpetas que se quieran recuperar.

Figura 5.10. Entrando en Time Machine

Time Machine permite ir navegando entre las distintas copias de seguridad realizadas, lo que implica que si un archivo ha sido modificado varias veces, se podrá recuperar la versión de archivo deseada.

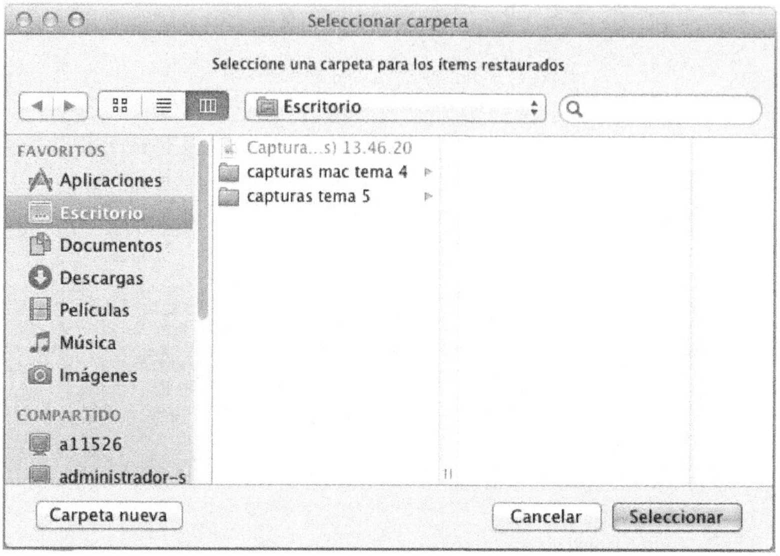

Figura 5.11. Seleccionar carpeta donde recuperar los archivos

Si en la carpeta donde se va a recuperar el archivo hay otro archivo con el mismo nombre, el sistema permite elegir cuál de los dos archivos se quiere conservar, o conservar ambos.

Recuerda

Puedes utilizar Spotlight para buscar un archivo. Utiliza la flecha hacia atrás para localizarlo en las copias de seguridad de Time Machine.

Es recomendable en ocasiones utilizar la Vista Rápida (haciendo clic en el botón con el icono de un ojo o pulsando la barra espaciadora) para tener una vista previa del archivo y asegurarse de que efectivamente es el archivo que se desea recuperar.

Capítulo 6

MANTENIMIENTO DEL MAC

El presente capítulo versa sobre el mantenimiento del sistema. Conocer a fondo el sistema es siempre bueno, pero muchas veces es más útil manejar con soltura una herramienta como Cocktail u OniX. La ventaja que tienen estas herramientas es que permiten realizar muchas operaciones desde la misma interfaz. Si se quiere hacer lo mismo mediante las herramientas del sistema habrá que abrir muchas herramientas, ejecutar comandos desde el terminal, etc. Y total, para realizar lo mismo. Otra ventaja que encontramos en este tipo de herramientas es que versión tras versión la interfaz suele ser parecida, con lo cual por mucho que evolucionen las versiones de Mac OS X, el mantenimiento va a ser similar con estas herramientas.

Hay que recalcar que Mac OS X no necesita mucho mantenimiento. No obstante, con el uso, la instalación de muchos programas, las descargas, etc., el equipo necesitará tarde o temprano realizar una serie de tareas de mantenimiento básicas. A continuación se pasará a ver una de las herramientas más utilizadas, como es OnyX. Esta herramienta se ha elegido por ser muy utilizada y también por ser gratuita. Es posible descargarla de la página web y utilizarla o distribuirla sin problemas. Además de OnyX hay otras herramientas muy demandadas, como Cocktail.

6.1 ¿QUÉ ES ONYX?

OnyX es una utilidad gratuita de Titanium Software (*http://www.titanium. free.fr/index.php*) que permite realizar múltiples tareas de mantenimiento y administración del sistema como:

- Verificar el disco del sistema (disco de inicio) y la estructura del sistema de ficheros.

- Configurar ciertos parámetros del Finder, Dock, QuickTime, Safari, Mail, iTunes, Login window, Spotlight y otras aplicaciones.

- Borrar cachés.

- Borrado de ficheros y carpetas para agilizar el sistema.

6.2 LA INSTALACIÓN DE ONYX

En primer lugar, dependiendo de la versión de OS X, se deberá descargar una versión de OnyX u otra. En la siguiente imagen se muestran las diferentes versiones de OS X con su correspondiente versión de OnyX.

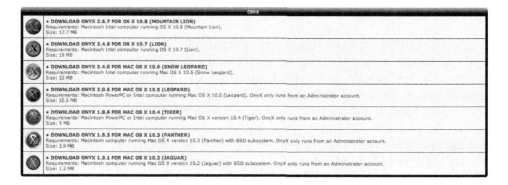

Figura 6.1. Versiones de OnyX para los distintos Mac OS X

La instalación de OnyX es similar a otras instalaciones de OS X. Basta con mover a la carpeta Aplicaciones el icono que aparece en la ventana tras montar el paquete.

Figura 6.2. Instalando OnyX

SMART (*Self Monitoring, Analysis and Reporting Technology*) es una tecnología gracias a la cual se pueden prever posibles problemas antes de que ocurran.

SMART es una tecnología incluida por defecto en casi todos los discos actuales. No obstante, sin esta característica activada en la BIOS y sin instalar un software que monitorice los avisos de SMART no sirve de nada.

Los discos duros con tecnología SMART miden decenas de variables (tiempo de acelerado/frenado, temperaturas, altura de vuelo y posición de las cabezas respecto a puntos de referencia…) y comparan estos valores con los valores que se consideran normales. Si en esa comparación se observa una variable en la que algún valor tiende a desviarse, o se encuentra algún valor anormal, el disco duro avisa al usuario..

SMART también funciona con unidades SSD. Las unidades SSD también fallan y se estropean bloques de memoria flash. Generalmente, lo que hacen estas unidades es reemplazar estos bloques con otros bloques extra en buen estado. Cuando se acaben los bloques extra de la unidad empezarán a ocurrir errores y SMART es una herramienta que puede informar de ello.

El primer paso que va a dar el programa durante la instalación es la comprobación del estado SMART del disco.

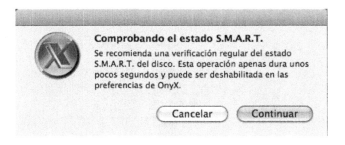

Figura 6.3. Comprobación del estado SMART durante la instalación

Existen herramientas que comprueban el estado SMART del disco. Algunas comprobaciones son muy exhaustivas y tardan más, otras son menos en profundidad y tardan poco tiempo. La verificación anterior es de estas últimas. Comprobar el estado SMART del disco es una operación sencilla y da la tranquilidad de saber que el disco del equipo está en perfecto estado.

Además de en esta herramienta, es posible conocer el estado SMART del disco mediante:

- **Línea de comandos**. Primero hay que lanzar la aplicación **Terminal**. Una vez lanzada se ejecuta el comando ***diskutil info disk0 | grep SMART*** respetando los espacios al escribir el comando.

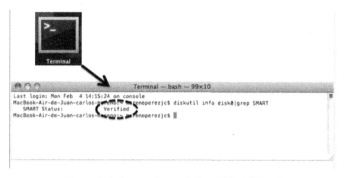

Figura 6.4. Lanzamiento de la utilidad diskutil

Una vez ejecutado el comando, si el estado SMART es *Verified*, o verificado, en principio el disco no debería fallar.

- **Desde la utilidad de discos**. Seleccionando el disco y haciendo clic en la *i* de "información" aparecerá un resumen de la información de nuestro disco.

Figura 6.5. Información del disco duro

Al igual que con la línea de comando, si el estado es "Verificado", el disco se encuentra en perfectas condiciones.

Consejo

Te recomendamos que seas un usuario "desconfiado". Hay que realizar siempre copias de seguridad del sistema y de los datos. No es la primera vez que alguien verifica el disco y SMART indica que el estado es verificado y al poco tiempo el disco comienza a fallar.

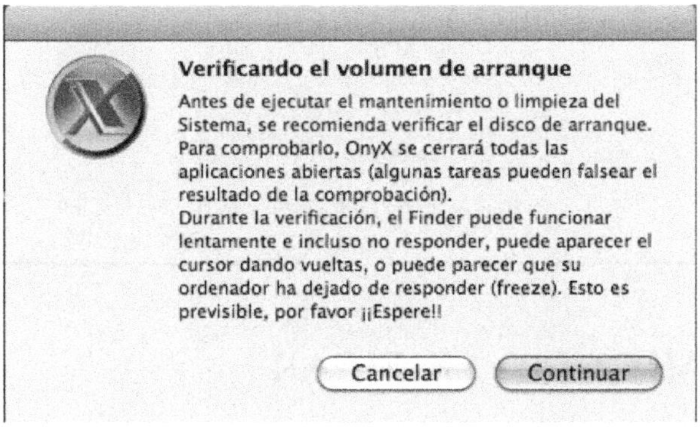

Verificando el volumen de arranque
Antes de ejecutar el mantenimiento o limpieza del Sistema, se recomienda verificar el disco de arranque. Para comprobarlo, OnyX se cerrará todas las aplicaciones abiertas (algunas tareas pueden falsear el resultado de la comprobación).
Durante la verificación, el Finder puede funcionar lentamente e incluso no responder, puede aparecer el cursor dando vueltas, o puede parecer que su ordenador ha dejado de responder (freeze). Esto es previsible, por favor ¡¡Espere!!
Cancelar
Continuar

Figura 6.6. Verificando el volumen de arranque

Una vez verificado el estado SMART, OnyX realiza una verificación del volumen de arranque. Hay que decir que siempre que se ejecuta OnyX, se verificará el volumen de arranque. El volumen de arranque es la partición del disco duro con la que arranca el sistema operativo. Al verificar el volumen de arranque, OnyX cierra todas las aplicaciones y es aconsejable no hacer nada durante esta comprobación para que los resultados no queden falseados.

Una vez realizado este paso, OnyX está listo para trabajar con él.

OnyX
OnyX
Verificar
Mantenimiento
Limpieza
Utilidades
Automatizar
Parámetros
información
Log

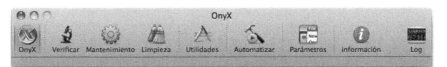

Figura 6.7. Interfaz de OnyX

Para desinstalar OnyX existe una opción del menú OnyX que es **Desinstalar OnyX...**

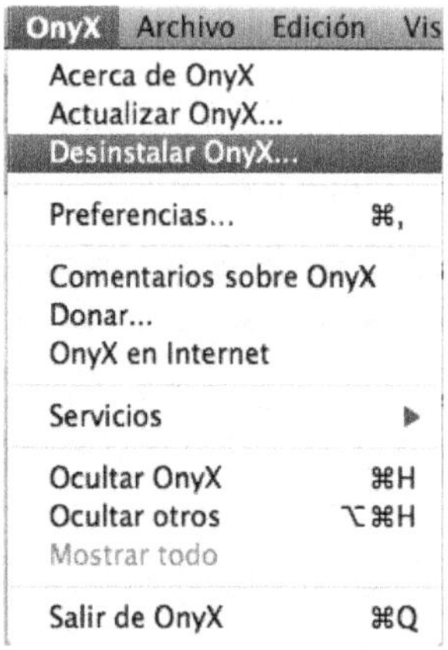

OnyX Archivo   Edición   Vis
Acerca de OnyX
Actualizar OnyX...
Desinstalar OnyX...
Preferencias...   ⌘,
Comentarios sobre OnyX
Donar...
OnyX en Internet
Servicios   ▶
Ocultar OnyX   ⌘H
Ocultar otros   ⌥⌘H
Mostrar todo
Salir de OnyX   ⌘Q

Figura 6.8. Desinstalar OnyX

6.3 HERRAMIENTA VERIFICAR

Figura 6.9. Herramienta Verificar

La utilidad de verificar es la primera dentro del menú de OnyX.

Como puede verse en la figura anterior, se pueden realizar tres tipos de verificaciones:

- Verificar el estado SMART del disco.

- Verificar la estructura del disco.

- Verificar las preferencias.

Ya se ha explicado cómo funciona la verificación del estado SMART del disco o la verificación de la estructura del sistema de ficheros del disco de arranque. Ahora se pasará a explicar la verificación de las preferencias.

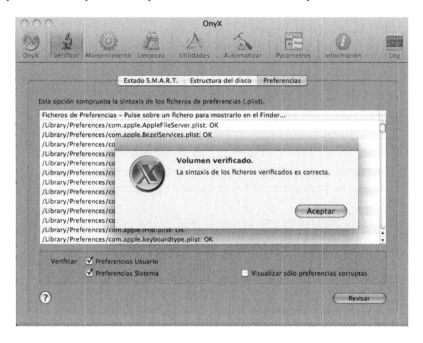

Figura 6.10. Verificación de las preferencias

Las preferencias o archivos plist son ficheros binarios donde Mac OS X y las aplicaciones instaladas en el sistema almacenan las preferencias de los mismos. Plist es el acrónimo de *property list*, o sea, listas de propiedades. Estos ficheros suelen ser conflictivos puesto que las aplicaciones los modifican con mucha frecuencia y de esa manera pueden llegar a corromperse. Muchas veces cuando una aplicación no arranca es porque el archivo plist ha quedado corrupto o tiene una sintaxis incorrecta. La forma de solucionarlo puede ser utilizando OnyX, verificando preferencias y borrando el archivo problemático de forma manual desde el Finder. Si se borra el archivo, la aplicación generará uno de forma automática cuando se inicie.

Existen programas para ver el contenido de estos archivos de preferencias, como Quicklook o Plist EditPro.

Para verificar la sintaxis de los archivos de preferencias (como se puede ver en la figura anterior) se elige la opción de **Preferencias** y se pulsa el botón de **Revisar**.

Si se desea hacer todo este proceso de forma manual, basta con ejecutar un terminal y ejecutar el siguiente comando:

```
sudo plutil ~/Library/Preferences/*.plist
```

o

```
sudo plutil /Users/morenoperezjc/Library/Preferences/*.plist
```

El comando *sudo* sirve para ejecutar comandos en modo superusuario y el comando *plutil* sirve para verificar los ficheros de preferencias.

El usuario utilizado para lanzar el comando es *morenoperezjc*. Su usuario seguramente sea otro y por lo tanto habrá que modificar el comando anterior con el nombre de usuario correcto.

El resultado de ejecutar este comando es el siguiente:

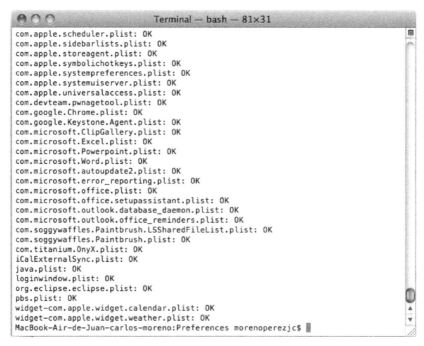

Figura 6.11. Verificar preferencias en el terminal

Si en la lista que genera este comando se observa algún fichero que no esté OK, habrá que eliminarlo manualmente o con alguna herramienta como OnyX. Desde OnyX es muy fácil, puesto que haciendo clic en el fichero con problemas de la lista, lo muestra en el Finder, y desde ahí se puede borrar directamente.

6.4 HERRAMIENTA MANTENIMIENTO

Figura 6.12. Herramienta mantenimiento

Dentro del panel de Mantenimiento se pueden encontrar tres pestañas, con las cuales se pueden realizar las tareas de mantenimiento del OS X más usuales, como pueden ser:

- La reparación de los permisos del disco.

- La ejecución de los *scripts* BSD de mantenimiento.

- La ejecución de diversas reconstrucciones.

6.4.1 Opción 1. Verificar permisos

Figura 6.13. Herramienta Mantenimiento, sección de verificar permisos

Todas las aplicaciones y ficheros en Mac tienen asignados una serie de permisos de lectura, escritura y ejecución, tanto para el usuario propietario como para los demás usuarios del sistema.

Cuando se instala una aplicación en el sistema, esta tiene que tener unos permisos determinados para que se ejecute correctamente. En ocasiones, cuando se lleva trabajando cierto tiempo con las aplicaciones, puede que los permisos se modifiquen, entren en conflicto, y en ese caso el Mac tiene un rendimiento más lento y no funciona como debería.

Es posible conocer los permisos de una aplicación desde el mismo Finder. Seleccionando la aplicación, haciendo clic con el botón derecho y eligiendo **Obtener información**.

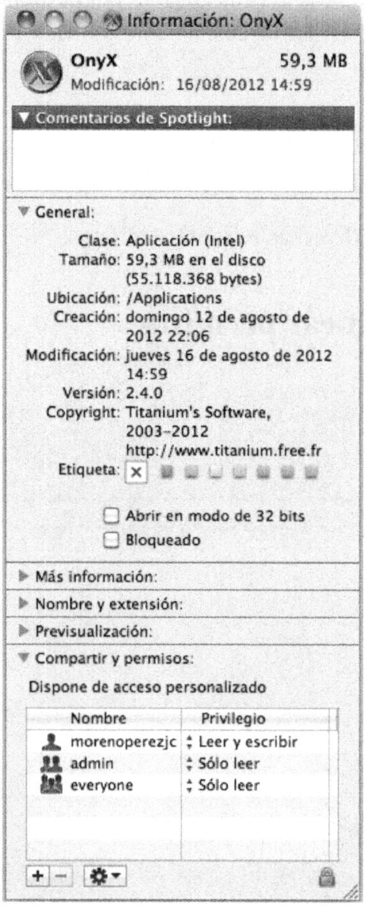

Figura 6.14. Información de una aplicación. Permisos de un archivo

Existen varias opciones para verificar y reparar los permisos de un disco. La más fácil es mediante OnyX haciendo clic en botón ejecutar de la pestaña permisos o bien desde la utilidad de discos. Recuerde que la utilidad de discos está en la ruta **Aplicaciones – Utilidades – Utilidad de discos** accediendo desde el Finder. Una vez en esta utilidad se ejecuta **Verificar los permisos del disco** y luego **Reparar los permisos** si es necesario.

La verificación y reparación de permisos es una tarea que hay que hacer cada dos meses, más o menos, dependiendo del uso que se le esté dando al equipo. Si se instalan y desinstalan muchas aplicaciones quizás sea conveniente realizarlo con más frecuencia.

6.4.2 Opción 2. Ejecutar *scripts* de mantenimiento

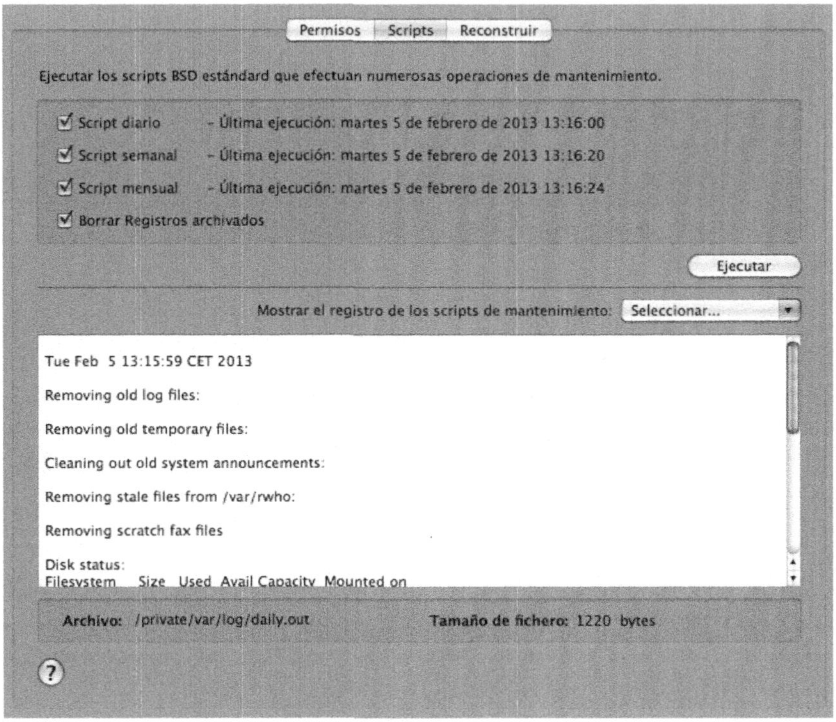

Figura 6.15. Ejecución de los scripts *de mantenimiento*

Otra operación frecuente de mantenimiento es la ejecución de los *scripts* de mantenimiento, que realizan numerosas operaciones (como borrar ficheros temporales antiguos, etc.), las cuales podemos ver registradas en el log de los *scripts*.

Desde OnyX se puede elegir qué tipo de *script* ejecutar (diario, semanal o mensual). Esta operación de mantenimiento hay que realizarla cada cierto tiempo. Si se le da un uso intensivo al equipo, mejor realizarla con más frecuencia.

6.4.3 Opción 3. Reconstruir

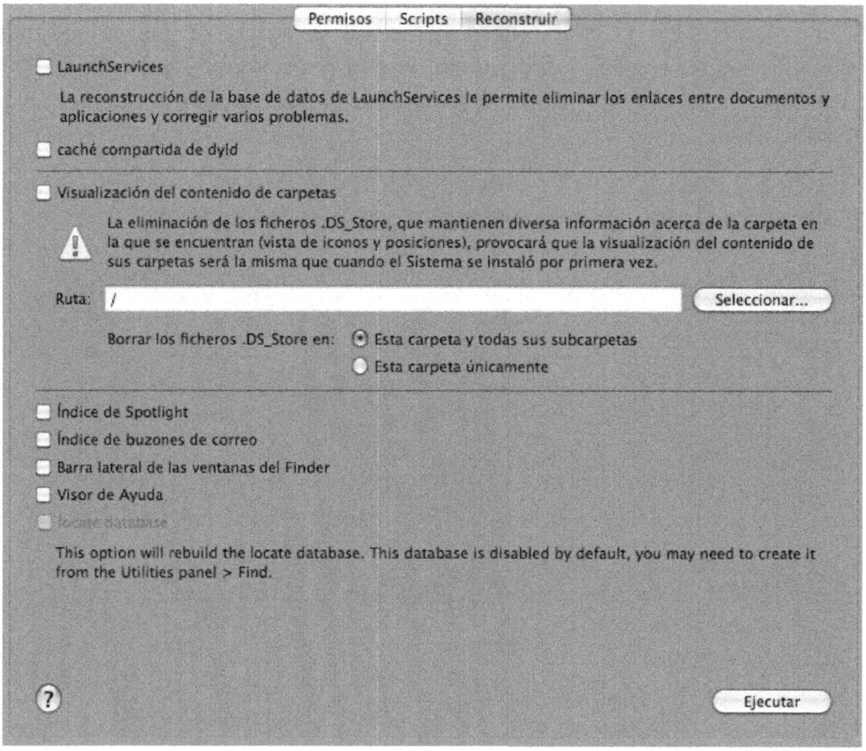

Figura 6.16. Herramienta mantenimiento, sección Reconstruir

La sección **Reconstruir** contiene muchas opciones que permiten restaurar la visualización del contenido de las carpetas, reconstrucción de la base de datos de LaunchServices, reiniciar servicios, reconstruir índices, etc. Se comentarán las opciones más interesantes y frecuentes para el mantenimiento:

- **LaunchServices**. Esta opción del sistema operativo asocia archivos y aplicaciones. En ocasiones, cuando se abre un archivo por primera vez, el sistema pregunta con qué aplicación se desea abrir. Una vez abierto por dicha aplicación, el sistema memoriza esa asociación para no preguntar de nuevo cuando se intenta abrir otro archivo con la misma extensión. Si una vez ejecutada esta opción, los archivos de un tipo son abiertos por una aplicación no deseada, puede modificarse este comportamiento seleccionando el tipo de archivo, haciendo clic con el botón derecho y seleccionando **Obtener información**. En el menú **Abrir con…** se selecciona la aplicación deseada y se pulsa **Cambiar todo** para que el Finder sepa que todos los archivos de ese tipo los deberá abrir con la aplicación seleccionada.

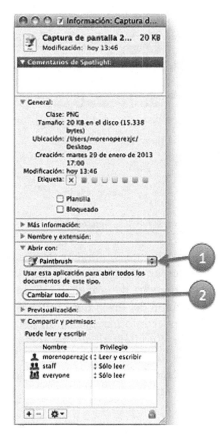

Figura 6.17. Asociando tipos de archivo y aplicaciones

Hay que tener en cuenta que la reconstrucción de LaunchServices puede ser un proceso lento, por lo tanto hay que tener paciencia si el proceso se demora.

- **Caché compartida de *dyld* (*dynamic loader*)**. Este comando se suele ejecutar cuando hay problemas con un proceso del sistema que se llama Rosetta. Generalmente, cuando se tienen problemas de rendimiento de aplicaciones se ejecuta este comando y otras opciones de mantenimiento para intentar recuperar el rendimiento del sistema.

- **Visualización del contenido de carpetas**. Existen en el disco duro unos ficheros invisibles llamados *.DS_Store* que guardan información (como la posición de los iconos, la vista de los mismos, etc.) sobre la carpeta donde están ubicados. Si se experimentan problemas como, por ejemplo, que se organicen de forma automática los iconos, o cosas por el estilo, al ejecutar este comando se volverá a tener el mismo aspecto que cuando se instaló el sistema por primera vez.

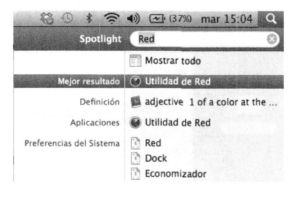

Figura 6.18. Buscando en Spotlight

- **Índice Spotlight**. Spotlight es la función de búsqueda inteligente de Mac OS X, como vimos en el capítulo 1. La famosa lupa que se encuentra en la esquina superior derecha de la pantalla. Spotlight hace una búsqueda rapidísima del contenido del disco duro utilizando un algoritmo pensado para encontrar cualquier información en un tiempo mínimo. Para que la búsqueda sea rápida, Spotlight tiene que indexar la información en su base de datos interna. Si esa indexación falla, las búsquedas dejan de ser correctas y no muestran los resultados esperados. La solución pasa por eliminar el índice de Spotlight para que este lo vuelva a reconstruir.

6.5 HERRAMIENTA LIMPIEZA

Figura 6.19. Herramienta Limpieza

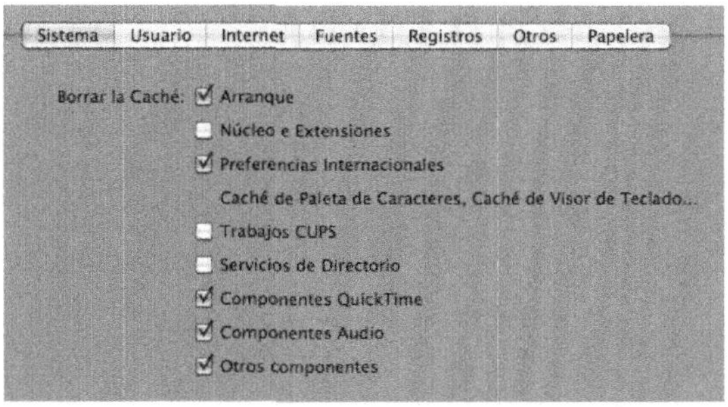

Figura 6.20. Pestañas de la herramienta de limpieza

El panel de la herramienta Limpieza tiene siete pestañas con múltiples opciones cada una de ellas. OnyX tiene marcadas por defecto las opciones más habituales. Una vez ejecutada esta limpieza podría parecer que el sistema se ralentiza un poco. La ventaja de ejecutar esta limpieza es la recuperación de una gran cantidad de espacio.

Pasemos a describir de forma rápida las opciones de cada pestaña:

- **Sistema**. Permite eliminar la caché de sistema borrando algunos ficheros y carpetas.

- **Usuario**. Elimina ficheros de la caché de usuario y algunos ficheros temporales.

- **Internet**. Siempre que se trabaja con Internet —navegando, descargando, rellenando formularios, realizando búsquedas, etc.— se generan una serie de archivos con información y datos. Hay que tener en cuenta que cuando se eliminan las *cookies*, se pierden los usuarios y contraseñas memorizadas cuando se entra en ciertos sitios web.

- **Fuentes**. Los ficheros de caché de fuentes permiten acelerar la carga de fuentes.

- **Registros**. Esta opción permite borrar parte de los registros e informes de diagnóstico del sistema.

- **Otros**. Esta opción permite borrar diversos archivos, como ficheros obsoletos, bibliotecas previas de iTunes, etc.

- **Papelera**. Mediante el borrado de la papelera se puede ganar mucho espacio en el disco. El borrado seguro se realizará cuando no se quiera recuperar la información de ninguna de las maneras. El borrado seguro tardará más, puesto que escribe cada byte del archivo tres veces para hacerlo irrecuperable.

6.6 HERRAMIENTA UTILIDADES

Figura 6.21. Herramienta Utilidades

El panel Utilidades permite ejecutar una serie de comandos de Unix, pero sin utilizar el terminal. Esta herramienta permite acceder a las páginas **man** de Unix, buscar rápidamente un fichero o carpeta, gestionar el registro de procesos, modificar el estado de visibilidad de un volumen, carpeta o fichero y ejecutar aplicaciones del sistema como Compartir pantalla, Diagnóstico de red, etc.

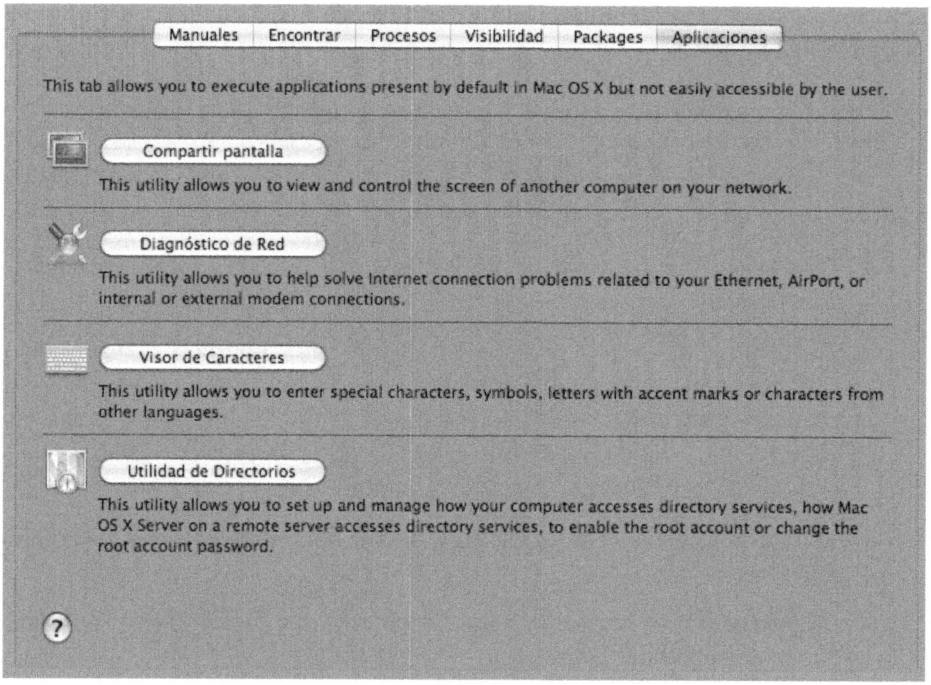

| Manuales | Encontrar | Procesos | Visibilidad | Packages | Aplicaciones |

This tab allows you to execute applications present by default in Mac OS X but not easily accessible by the user.

Compartir pantalla

This utility allows you to view and control the screen of another computer on your network.

Diagnóstico de Red

This utility allows you to help solve Internet connection problems related to your Ethernet, AirPort, or internal or external modem connections.

Visor de Caracteres

This utility allows you to enter special characters, symbols, letters with accent marks or characters from other languages.

Utilidad de Directorios

This utility allows you to set up and manage how your computer accesses directory services, how Mac OS X Server on a remote server accesses directory services, to enable the root account or change the root account password.

Figura 6.22. Sección Aplicaciones de la herramienta Utilidades

6.7 HERRAMIENTA AUTOMATIZAR

Figura 6.23. Herramienta Automatizar

Mantenimiento: ☑ Verificar y reparar permisos
☐ Scripts periódicos

Reconstrucción: ☑ LaunchServices
☐ Visualización de los contenidos de carpetas
☑ Caché compartida de dyld
☐ Índice de Spotlight
☐ Índice de buzones de correo

Limpieza: ☑ Caché de sistema
☑ Caché del usuario
La Caché de las Unidades de Audio no son borradas
☑ Caché de Fuentes
☐ Caché e historial Web
☑ Registros y CrashReporter
Los registros de OnyX, bash y de Actualización de Software no son borrados
☑ Elementos temporales e recientes
☑ Papelera

⚠ Algunas operaciones tardan mucho tiempo (reparación de permisos, reconstrucción de la visualización de los contenidos de las carpetas...). ¡ Por favor, espere !

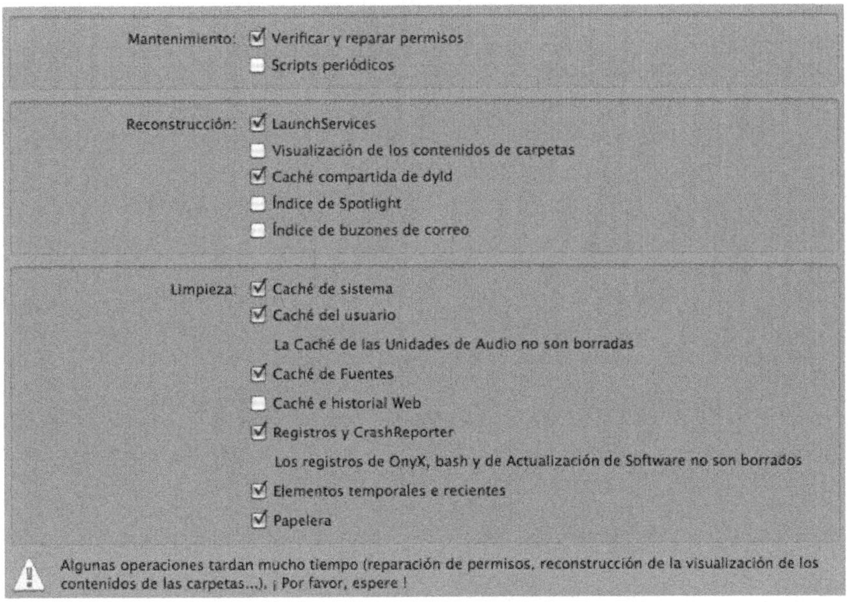

Figura 6.24. Secciones de la función Automatizar

El panel Automatizar se divide en tres secciones. Esta herramienta muestra las principales funciones de mantenimiento y limpieza divididas en las secciones de mantenimiento, reconstrucción y limpieza.

6.8 HERRAMIENTA PARÁMETROS

Figura 6.25. Herramienta Parámetros

El panel de parámetros permite personalizar el sistema. Permite modificar parámetros del Finder, Dock, QuickTime, Safari, iTunes, Spotlight y muchos más, así como restaurar los valores por defecto. Es importante, antes de cambiar ningún parámetro, tener claro qué repercusiones van a tener dichos cambios.

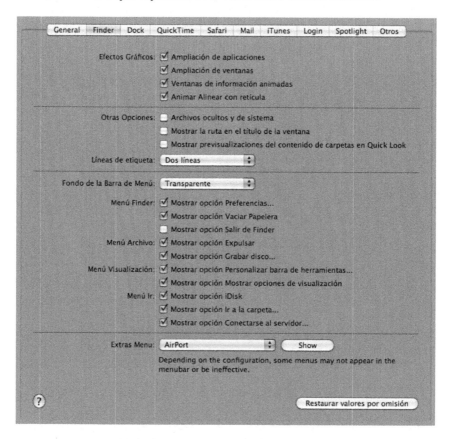

Figura 6.26. Herramienta Parámetros, sección Finder

6.9 HERRAMIENTA INFORMACIÓN

Figura 6.27. Herramienta Información

La herramienta Información, como su nombre indica, muestra información muy detallada sobre:

- El hardware.

- La memoria.

- El disco.

- El software.

- El perfil hardware y software del equipo.

- Otros ficheros ubicados en la carpeta del sistema.

| Hardware | Memoria | Disco | Software | Perfil | Otros |

Figura 6.28. Opciones de la herramienta Información

La opción de memoria, como se puede observar, no solamente ofrece información detallada sobre la memoria del sistema, sino que también permite purgar la memoria inactiva con la opción *Purge*.

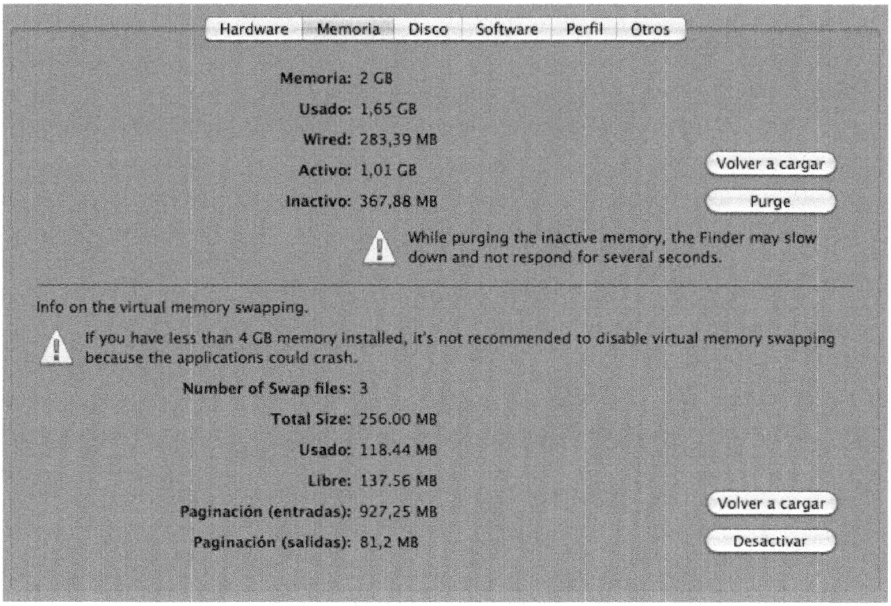

| Hardware | Memoria | Disco | Software | Perfil | Otros |

Memoria: 2 GB
Usado: 1,65 GB
Wired: 283,39 MB
Activo: 1,01 GB   Volver a cargar
Inactivo: 367,88 MB   Purge

⚠ While purging the inactive memory, the Finder may slow down and not respond for several seconds.

Info on the virtual memory swapping.

⚠ If you have less than 4 GB memory installed, it's not recommended to disable virtual memory swapping because the applications could crash.

Number of Swap files: 3
Total Size: 256.00 MB
Usado: 118.44 MB
Libre: 137.56 MB
Paginación (entradas): 927,25 MB   Volver a cargar
Paginación (salidas): 81,2 MB   Desactivar

Figura 6.29. Herramienta Información, opción de memoria

Generalmente, OS X tiene una buena gestión de la memoria, pero tampoco es perfecta. En ocasiones, bloques de memoria están marcados como inactivos cuando no se van a necesitar. Para liberarlos se puede purgar la memoria inactiva para liberar espacio.

Figura 6.30. Opción de purgado de memoria

Como se puede ver en la figura anterior, se ha pasado de tener 367,88 MB de memoria inactiva a tener 335,15 MB una vez purgada la misma.

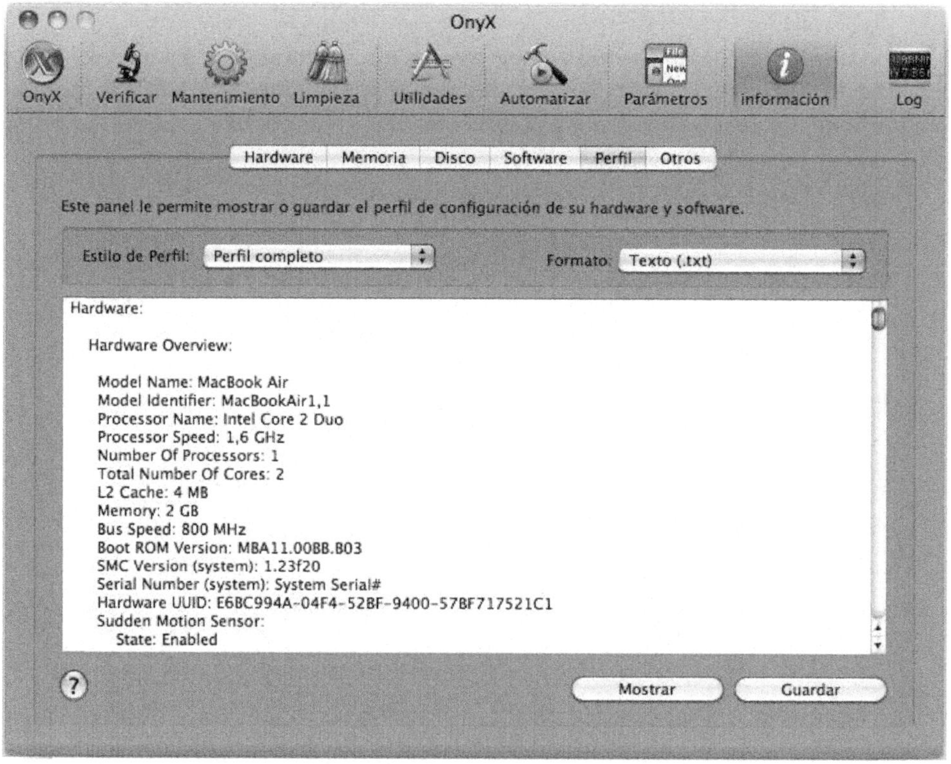

Figura 6.31. Herramienta Información. Opción Perfil

La opción Perfil ofrece información muy detallada de la configuración software y hardware del equipo si se elige el estilo de perfil completo. Es prácticamente imposible encontrar información sobre el software y el hardware del equipo que no aparezca en esta opción.

6.10 HERRAMIENTA LOG

Figura 6.32. Herramienta Log

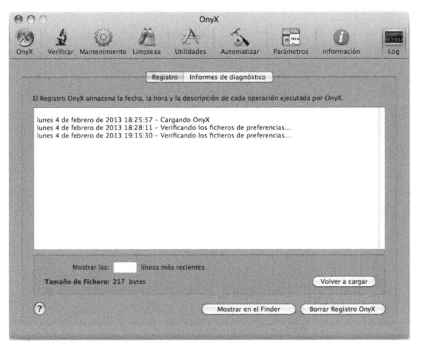

Figura 6.33. Herramienta Log, opción de registro

Opción de registro. La opción de registro muestra las operaciones ejecutadas por OnyX. Por defecto, cada vez que se sale de la aplicación se borra esta información de manera automática. Si se desea mantener esta información hay que quitar la selección de **Borrar el registro al salir de OnyX** en la pestaña **Mensajes y registro** de las preferencias de OnyX.

Opción informes de diagnóstico. Esta opción permite visualizar el contenido de los ficheros de informe de diagnóstico, si es que existen (están ubicados en la carpeta */Library/Logs/DiagnosticReports* de la carpeta de inicio del usuario).

Capítulo 7

ADMINISTRACIÓN AVANZADA

Este capítulo es de sumo interés para el usuario que desea adquirir conocimientos de administración de un sistema Mac OS X. Se incluyen apartados de monitorización y sobre la utilidad de discos (herramientas que de vez en cuando es necesario utilizar). Por otra parte, se incluyen otros apartados sobre utilidades de red y problemas con el arranque, para esos momentos en los que el sistema se pone rebelde. Por último, el apartado de AppleScript va a permitir ahorrar tiempo al usuario en muchas operaciones; por ese motivo, AppleScript suele ser muy apreciado por usuarios avanzados.

7.1 APPLESCRIPT

AppleScript es un editor de *scripts*. Es un editor donde se pueden programar y ejecutar comandos en la máquina. Los *scripts* generalmente son utilizados por los usuarios avanzados para automatizar tareas. La dificultad en la creación de *scripts* radica en que para realizar *scripts* que hagan tareas complejas se necesita tener algún conocimiento de programación, aunque sea mínimo. Los *scripts* pueden llegar a ser sumamente complejos.

No obstante, aun no teniendo nociones de programación, con la ayuda de unos cuantos ejemplos se va a conocer mejor el funcionamiento y las posibilidades de esta herramienta.

7.1.1 El editor de *scripts*

Figura 7.1. Icono de AppleScript

Una vez ejecutada esta aplicación, se accede directamente a la interfaz de AppleScript, que, como se puede apreciar en la siguiente figura, es bastante sencilla.

Figura 7.2. Interfaz de AppleScript

La interfaz tiene una botonera con cuatro comandos básicos como son grabar, detener, ejecutar y compilar.

Bajo la botonera se sitúa el área de código. En el editor de código es donde se van a programar las órdenes que después van a ser ejecutadas. En la figura anterior se puede observar que se han escrito tres líneas de código.

Cuando se crea un *script* como el anterior, lo primero que hay que hacer es compilar el código que se ha escrito en busca de posibles errores. Una vez que se compila el código y se subsanan los posibles errores, si existen, este pasa a tener otro aspecto, como se puede ver en la siguiente figura. AppleScript cambia el color del código (por ejemplo, pone en negrita los comandos), y de esa manera el código es más legible.

tell *application* "iCal"
         activate
end tell

Figura 7.3. Código reconocido por AppleScript

Una vez compilado el código anterior, si se pulsa el botón de **Ejecutar** se puede observar cómo se ejecuta la aplicación iCal. Para ello se utilizarán los comandos *tell* y *end tell* para enviarle la orden *activate* a la aplicación iCal.

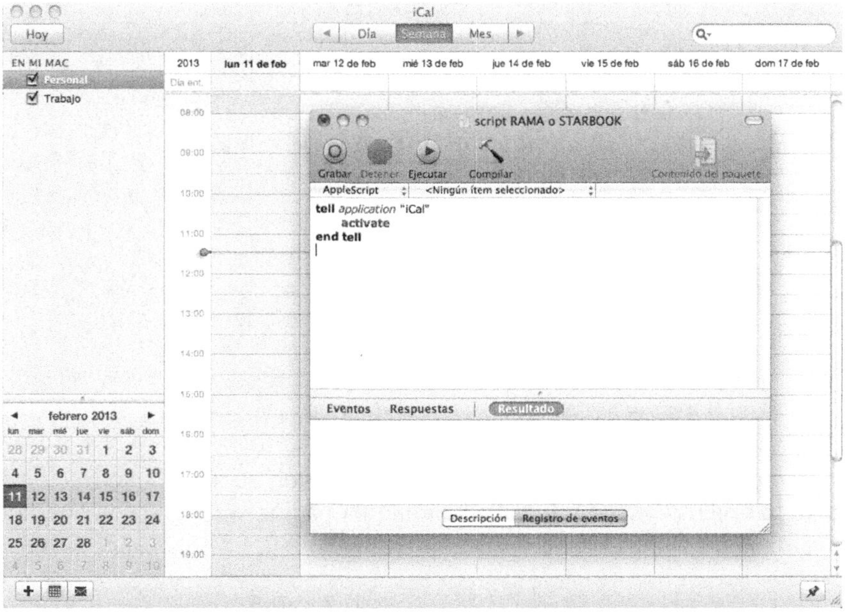

Figura 7.4. Abriendo iCal mediante un script

7.1.2 Primeros pasos con los *scripts*

Los *scripts* van a servir no solo para abrir aplicaciones, sino para que, una vez abiertas, se les puedan enviar diferentes comandos. Una aplicación puede ser, por ejemplo, abrir Safari y abrir una URL específica en el navegador.

```
tell application "Safari"
    activate
end tell
tell application "Safari"
    open location "http://www.ra-ma.es/"
end tell
```

Figura 7.5. Script para abrir en Safari una URL específica

En el código anterior se puede ver cómo primero se abre el navegador y luego se le envía la orden de apertura de una página web concreta (*open location*).

Imaginemos que lo que se quiere realizar es abrir cierta página para echar un vistazo (unos 5 segundos) y luego cerrar la aplicación. El código para realizar todo esto aparece en la siguiente figura.

```
tell application "Safari"
    activate
end tell

tell application "Safari"
    open location "http://www.ra-ma.es/"
end tell

delay 5

tell application "Safari"
    quit
end tell
```

Figura 7.6. Script para abrir en Safari una URL específica

Como se puede observar en la figura anterior, se abre la aplicación Safari mediante la orden *activate* y luego se carga una página web concreta con la orden *open location*.

Una vez ejecutados estos comandos, se realiza una pausa (*delay*) de 5 segundos para que el usuario tenga tiempo de visualizar la página web. Una vez pasada esta pausa de tiempo se cerrará Safari.

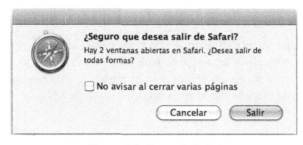

Figura 7.7. Cierre de Safari

Tras ejecutar este *script* se puede ver cómo Safari avisa de que va a cerrarse (si tiene más de una ventana abierta).

Uno de los puntos fuertes del editor es su menú. Si se pulsa con el botón derecho sobre el editor, aparecerá el menú de la siguiente figura.

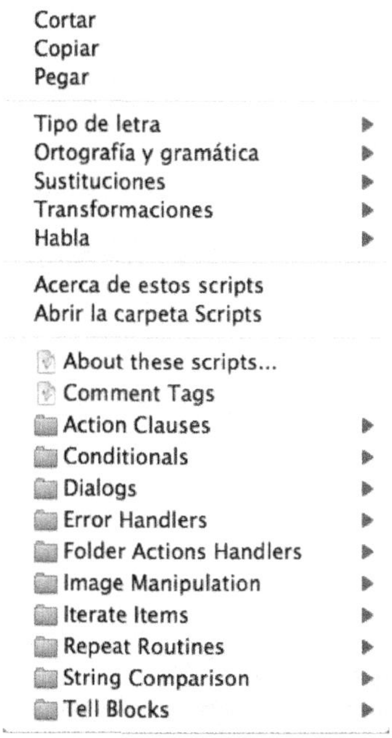

Cortar
Copiar
Pegar

Tipo de letra   ▶
Ortografía y gramática   ▶
Sustituciones   ▶
Transformaciones   ▶
Habla   ▶

Acerca de estos scripts
Abrir la carpeta Scripts

About these scripts...
Comment Tags
Action Clauses   ▶
Conditionals   ▶
Dialogs   ▶
Error Handlers   ▶
Folder Actions Handlers   ▶
Image Manipulation   ▶
Iterate Items   ▶
Repeat Routines   ▶
String Comparison   ▶
Tell Blocks   ▶

Figura 7.8. Menú del editor de AppleScript

Como se puede apreciar en la figura anterior, el menú va a ayudar a realizar *scripts* más complejos en AppleScript.

7.1.3 Creando *scripts* más complejos

A continuación se explicará desde cero cómo mejorar el ejemplo anterior para que en vez de visualizar una página web y luego cerrar Safari, el *script* ofrezca la oportunidad al usuario de elegir entre la apertura de dos páginas web. Una vez visualizada la página elegida durante 5 segundos se cerrará Safari.

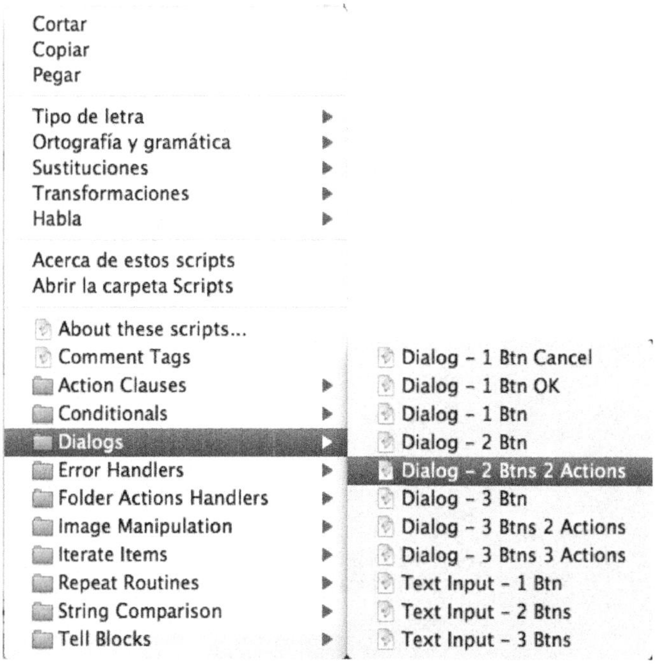

```
Cortar
Copiar
Pegar

Tipo de letra               ▶
Ortografía y gramática      ▶
Sustituciones               ▶
Transformaciones            ▶
Habla                       ▶

Acerca de estos scripts
Abrir la carpeta Scripts

  About these scripts...
  Comment Tags                     Dialog – 1 Btn Cancel
  Action Clauses          ▶        Dialog – 1 Btn OK
  Conditionals            ▶        Dialog – 1 Btn
  Dialogs                 ▶        Dialog – 2 Btn
  Error Handlers          ▶        Dialog – 2 Btns 2 Actions
  Folder Actions Handlers ▶        Dialog – 3 Btn
  Image Manipulation      ▶        Dialog – 3 Btns 2 Actions
  Iterate Items           ▶        Dialog – 3 Btns 3 Actions
  Repeat Routines         ▶        Text Input – 1 Btn
  String Comparison       ▶        Text Input – 2 Btns
  Tell Blocks             ▶        Text Input – 3 Btns
```

Figura 7.9. Menú del editor, sección Dialogs

Lo primero que se va a hacer es —dentro de la sección Dialogs del menú— elegir la opción **Dialog - 2 Btns 2 Actions**. Eso quiere decir que lo que se quiere es que el programa muestre una ventana (diálogo) que tenga dos botones y cada botón (2 Btns) realice una acción determinada (2 Actions).

```
display dialog "" buttons {"", ""} default button 2
if the button returned of the result is "" then
        -- action for 1st button goes here
else
        -- action for 2nd button goes here
end if
```

Figura 7.10. Estructura básica del script

Una vez elegida esta opción, aparecerá la estructura básica anterior, la cual deberá completarse con el código necesario. Como puede apreciarse, habrá que incluir textos donde aparecen las dobles comillas y código a ejecutar en los comentarios "-- action for…".

```
display dialog "¿RAMA O STARBOOK?" buttons {"RAMA", "STARBOOK"} default button 2
if the button returned of the result is "RAMA" then
    tell application "Safari"
        activate
        open location "http://www.ra-ma.es/"
    end tell
else
    tell application "Safari"
        activate
        open location "http://www.starbook.es/"
    end tell
end if

delay 5

tell application "Safari"
    quit
end tell
```

Figura 7.11. Script *terminado*

Como se puede observar en la figura, se ha echado mano del ejemplo anterior para completar y mejorar el *script* para que en vez de una página, el programa dé la oportunidad de elegir entre dos páginas a visualizar.

Ahora es el momento de ejecutar el *script* y ver si el código que se ha programado funciona correctamente.

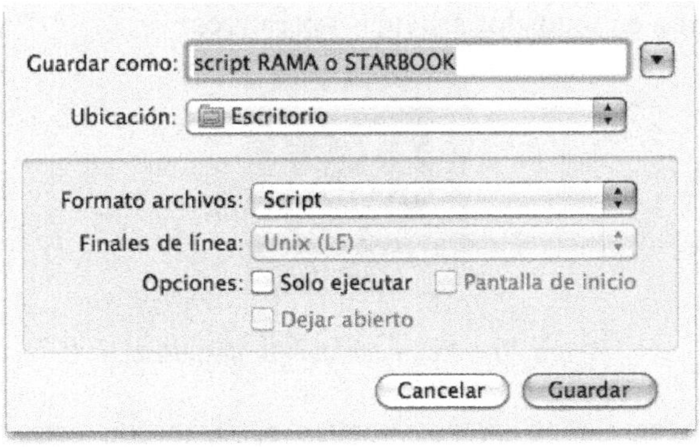

Figura 7.12. Función de Guardar script

Una vez completado y verificado el código, si se quiere utilizar más veces habrá que guardarlo. Generalmente, este tipo de programas se guarda con formato *script*. Hay que tener en cuenta que si se guarda el *script* con la opción de solo ejecutar, no podrá abrirse ni modificarse. Esta opción se utiliza cuando se distribuye un *script*.

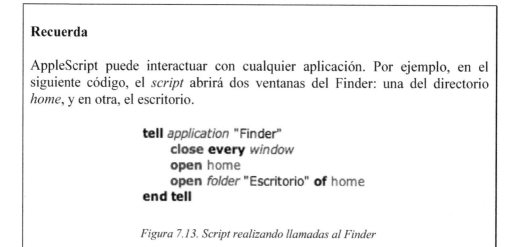

Recuerda

AppleScript puede interactuar con cualquier aplicación. Por ejemplo, en el siguiente código, el *script* abrirá dos ventanas del Finder: una del directorio *home*, y en otra, el escritorio.

```
tell application "Finder"
      close every window
      open home
      open folder "Escritorio" of home
end tell
```

Figura 7.13. Script realizando llamadas al Finder

7.2 MONITORIZANDO EL SISTEMA

Muchas herramientas de monitorización y medición vienen con el propio sistema operativo. Por ejemplo, el Monitor de actividad puede ser una herramienta de suma utilidad. Existen monitores de actividad o herramientas para conocer la actividad del sistema en todos los sistemas operativos.

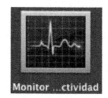

Figura 7.14. Icono del Monitor de actividad

Algunas operaciones que se pueden realizar con este tipo de sistemas consisten es analizar la memoria y el porcentaje de CPU que consumen ciertos recursos, para de esa manera conocer si hay alguna aplicación que está sobrecargando el sistema apropiándose de los recursos.

Importante

El Monitor de actividad se lanza cuando se está trabajando de forma normal con el equipo (utilizando las aplicaciones que se usan habitualmente) o a alto rendimiento. De nada sirve tomar valores nada más arrancar el equipo o sin utilizarlo, puesto que los valores no reflejan el rendimiento existente cuando se usa el equipo.

7.2.1 Monitorizando la CPU

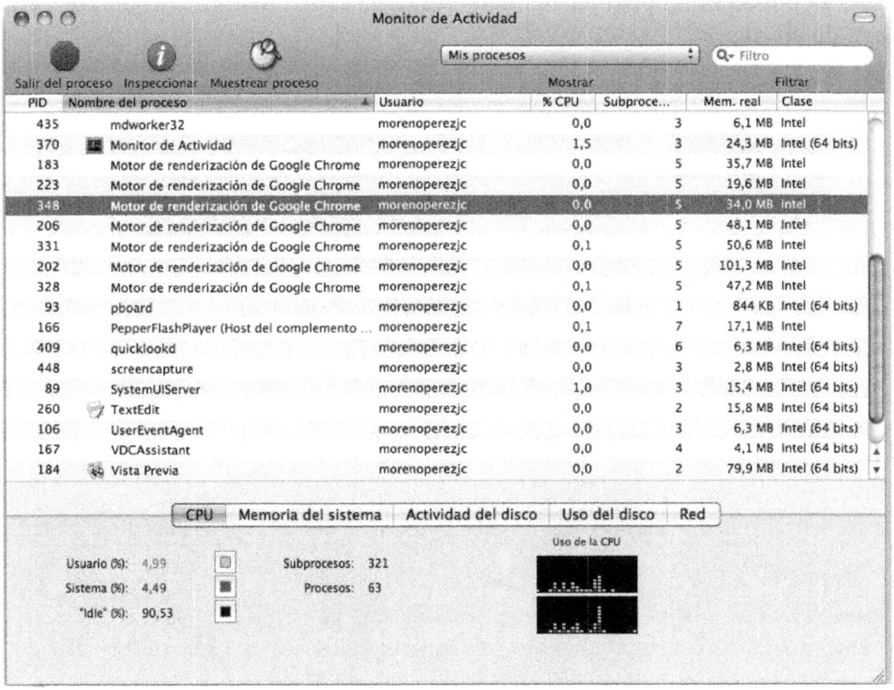

Figura 7.15. Monitor de actividad. CPU

En este tipo de herramientas se puede conocer el tiempo de CPU que el sistema dedica al usuario, al sistema o en espera de trabajo (*idle*).

Detectando programas que no funcionan correctamente

En ocasiones los programas empiezan a trabajar de forma incorrecta y consumen mucha CPU o memoria sin causa justificada. Con el monitor de actividad se pueden detectar fácilmente estos procesos. Ordena los procesos por la columna % de CPU consumido o % de memoria consumida y aparecerán los primeros. Utiliza la opción **Salir del proceso** para eliminarlo de los programas en ejecución.

Figura 7.16. Salir del proceso

Una vez pulsada esta opción, se puede forzar la salida del proceso que se quiera dejar de ejecutar.

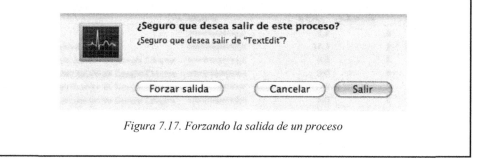

Figura 7.17. Forzando la salida de un proceso

7.2.2 Monitorizando la memoria

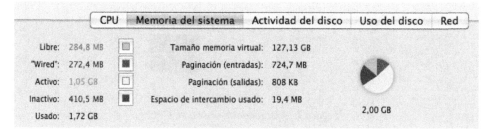

Figura 7.18. Monitorización de la memoria

Otra opción interesante es conocer cómo está siendo utilizada la memoria. Por ejemplo, en la figura anterior se puede observar que el equipo tiene 2 GB de memoria, de los cuales 1,72 GB están siendo usados y 284,8 MB están libres.

La memoria libre

El disponer de memoria libre en el sistema es muy importante. Si el sistema se queda sin memoria libre o con muy poca, se ralentiza y deja de funcionar de forma aceptable.

También se puede observar que de los 1,72 GB utilizados, 272,4 MB son memoria *wired*, lo que implica que necesitan almacenarse en memoria RAM de forma obligatoria. La memoria *wired* depende de la cantidad de aplicaciones que se estén utilizando. Cuantas más aplicaciones se estén utilizando, más memoria *wired* se necesita.

Por otra parte, 1,05 GB pertenecen a la memoria activa (utilizándose recientemente) y 410,5 MB pertenecen a la memoria inactiva (memoria que ha dejado de utilizarse). Cuando se está ejecutando una aplicación, por ejemplo Safari, la memoria que está consumiendo la aplicación es memoria activa. Cuando se cierra la aplicación, esta memoria pasa a ser memoria inactiva. Si se vuelve a abrir Safari, la aplicación tardará menos, puesto que el sistema pasa la memoria inactiva a activa en vez de cargar Safari del disco, lo cual es mucho más lento.

¿Cuándo añadir memoria mejorará el rendimiento?

Con el monitor de actividad es muy fácil saber si añadiendo más RAM puede mejorar el rendimiento del equipo. Basta con fijarse en el parámetro **Paginación (salidas)**. El valor ideal de este parámetro es 0. Siempre que existe paginación implica que el sistema está trabajando con el disco en vez de con la memoria. Como ya sabe todo el mundo, la memoria es mucho más rápida que el disco y, por lo tanto, si existe paginación, el sistema se ralentiza. Cuanto mayor sea este parámetro, más RAM habrá que añadir.

7.2.3 Monitorizando la actividad del disco

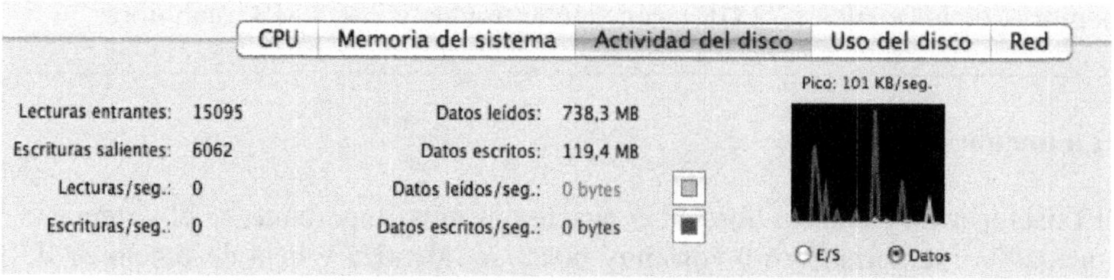

Figura 7.19. Actividad del disco

La pestaña de **Actividad del disco** permite monitorizar el acceso al disco. Como se puede observar en la figura anterior, el Monitor de Actividad cuantifica las lecturas y escrituras realizadas en el disco.

Cuando se observa una ralentización del sistema, esta herramienta puede ayudar a detectar si el disco está muy fragmentado o se necesita incrementar la cantidad de memoria. Cuando hace falta aumentar la memoria, las escrituras realizadas en el disco aumentan considerablemente.

7.2.4 Uso del disco

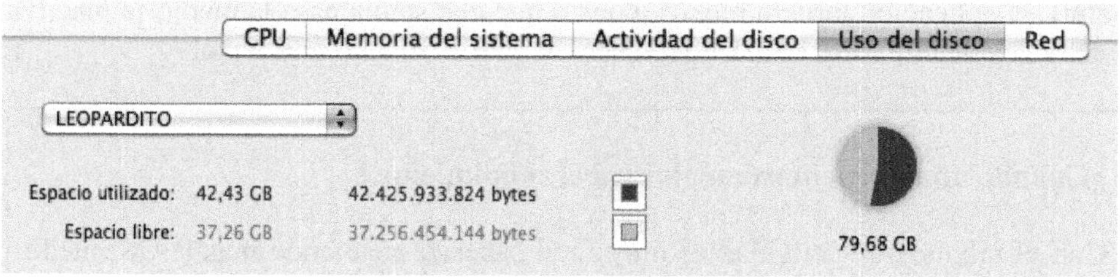

Figura 7.20. Uso del disco

En esta opción se puede ver el uso del disco (o unidad SSD) así como la cantidad de espacio disponible. Si se dispone de varios discos, se pueden seleccionar en el desplegable para su inspección.

7.2.5 Monitorizando la red

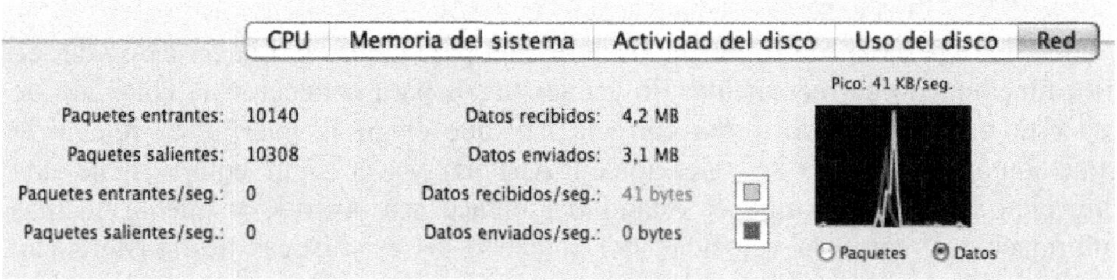

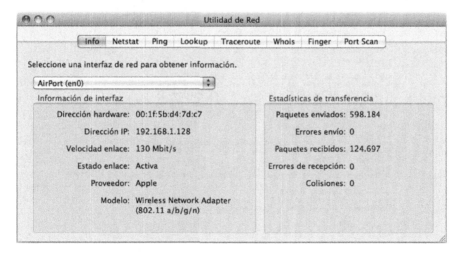

Figura 7.21. Actividad de red

El equipo, cuando transfiere información a través de la Red, encapsula los datos en paquetes. El equipo puede mostrar la información recibida y enviada en paquetes o datos. Esta cantidad de información se muestra en megabytes. Para ver la evolución de la información entrante y saliente en el tiempo se muestra una gráfica. De esa manera se puede interpretar mejor la actividad de red.

7.3 UTILIDADES DE RED

Figura 7.22. Utilidad de Red. Pestaña Info

La interfaz de la utilidad de red está dividida en ocho pestañas. La primera pestaña, junto con la pestaña Ping, está pensada para el uso de cualquier usuario, mientras que las siete siguientes están pensadas para usuarios más avanzados.

7.3.1 Pestaña Info. Comprobación del estado de la conexión de red

Esta pestaña ofrece mucha información para conocer si la conexión de red está funcionando correctamente. En primer lugar, para conocer si la conexión de red está funcionando de forma correcta hay que elegir la interfaz de red (si la conexión es vía Wi-Fi se seleccionará AirPort) y ver si el equipo tiene una dirección IP asignada, que el estado del enlace sea **Activa**, y que las demás informaciones, como la velocidad del enlace o las estadísticas de transferencia, sean coherentes.

7.3.2 Pestaña Ping

Ping quizás sea la herramienta más utilizada en el diagnóstico de redes. Ping permite conocer si existe conectividad o conexión entre el equipo local y otro equipo o equipos en la red.

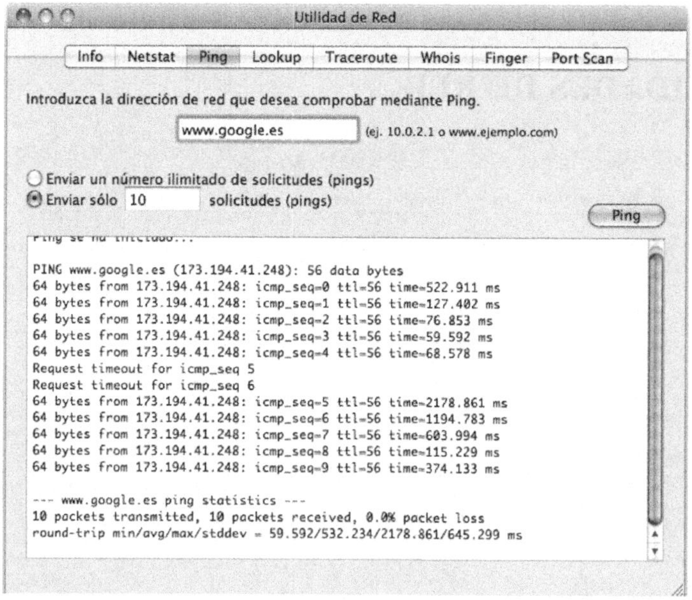

Figura 7.23. Herramienta Ping

Generalmente, para conocer si la conexión a Internet está funcionando correctamente el primer paso es hacer un ping a un servidor conocido de Internet (por ejemplo *www.google.es* u otro). Si en las estadísticas del comando se observa que todos los paquetes enviados han sido recibidos, en teoría desde el equipo se podría navegar, enviar *emails* o cualquier actividad que necesite el uso de la Red.

Si al hacer un ping por la dirección del servidor da fallo, se puede intentar hacer un ping por la dirección IP (en el caso de *www.google.es* es 173.194.41.248) porque a veces lo que no funciona es el servidor DNS. El servidor DNS es el que traduce las direcciones inteligibles por los humanos (*www.google.es*) a las inteligibles por las máquinas (173.194.41.248).

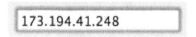

Figura 7.24. Dirección IP de www.google.es

Si el servidor DNS no está funcionando correctamente, solamente se podrá acceder a los servidores por su dirección IP.

Si no es posible acceder a Internet, el siguiente paso es ver si existe conectividad entre el equipo y el servidor local. Si existe conectividad con el servidor local, el problema residirá en la conexión entre el servidor local e Internet.

7.3.3 Las demás pestañas de la utilidad de red

A continuación se presenta de forma resumida la función de las demás pestañas de la utilidad de red:

- **Netstat**. Esta herramienta permite visualizar las conexiones de red, tanto entrantes como salientes, tablas de enrutado, etc.

- **Lookup**. Permite conocer información sobre un servidor en Internet (nombre canónico, DNS, etc.).

- **Traceroute**. Traceroute permite conocer los *routers* existentes entre la máquina local y otra máquina en Internet. Además de conocerse la ruta, este comando va midiendo los retrasos entre *router* y *router*.

- **Whois**. Whois es una herramienta para realizar consultas a bases de datos que almacenan información sobre dominios de Internet.

- **Finger**. Finger es una utilidad para buscar información sobre usuarios de ciertos equipos.

- **Port Scan**. Es una utilidad para escanear los puertos de una máquina. Tener puertos abiertos sin ser utilizados hace que una máquina sea más vulnerable, para evitar esto se utilizan los *firewalls*.

7.4 UTILIDAD DE DISCOS

Figura 7.25. Icono de la utilidad de discos

La utilidad de discos es una de las aplicaciones más necesarias del sistema, puesto que siempre se va a tener necesidad de grabar un CD/DVD, formatear un *pendrive*, trabajar con un dmg, etc. Antes de comenzar de lleno con la herramienta convendría tener claras las diferencias entre discos, volúmenes y particiones.

7.4.1 Diferencias entre discos, volúmenes y particiones

Para Mac, un volumen es un contenedor, un espacio en el cual almacenar información. Ya sea un disco, un recurso compartido de red o una partición. Generalmente, un volumen corresponde a un disco o una partición, pero no siempre es así. En ocasiones un volumen puede llegar a estar localizado en varios discos.

Los discos para Mac son el dispositivo físico (se puede tocar); a diferencia de un volumen, que es una estructura lógica.

Los discos para poder utilizarlos hay que particionarlos. Un disco puede tener una o varias particiones. Generalmente, cuando se trata de discos pequeños o *pendrives*, solamente existe una partición, aunque podrían existir más.

Al formatear un disco con la utilidad de discos se crean las particiones y se le asigna un sistema de ficheros. El sistema de ficheros indica la forma en que están estructurados los datos en dicha partición. Mac utiliza un formato propio (el HFS), mientras que Windows utiliza NTFS, Linux suele utilizar EXT y los *pendrives* generalmente utilizan sistemas de archivos de tipo FAT.

7.4.2 ¿Qué es un dmg o imagen de disco?

Un archivo dmg es una imagen de disco (*disk image*). Es un archivo que contiene en su interior archivos y carpetas. Estas imágenes al abrirlas se montan en el escritorio como un disco; y también dentro del Finder, en la sección de dispositivos. Al hacer doble clic sobre el archivo dmg, se monta como si fuera un volumen virtual y opera como tal.

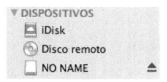

Figura 7.26. Sección de dispositivos del Finder. Pendrive montado

Las imágenes dmg se montan igual que si se utilizara un CD, un *pendrive* o un disco externo y permiten acceder a su contenido. Muchos programas o actualizaciones de software se distribuyen con formato dmg.

El formato dmg es muy utilizado para realizar copias de seguridad de archivos e información del sistema y para intercambiar información entre Macs.

Las unidades SSD de los MacBook

El término SSD (*solid state drive*) se traduce como "unidad de estado sólido". No tiene sentido llamarlos "discos" puesto que ya no existe el disco propiamente dicho, sino que es sustituido por componentes electrónicos.

Estas unidades almacenan información en memoria flash parecida a la de las tarjetas SD o *pendrive*.

Una gran diferencia de las unidades SSD frente a los discos tradicionales es que, al no tener partes móviles, la posibilidad de rotura o de que se estropeen por las vibraciones desaparece. Dadas sus características, los tiempos de búsqueda y latencia son menores que los de los discos duros.

7.4.3 Importante: expulsar los discos

Siempre que se conecte un *pendrive* o disco externo al equipo, antes de dejar de trabajar con él hay que expulsarlo. Al expulsar un disco se le da la orden al sistema operativo para que sincronice los datos de la caché al disco si estos no están actualizados. En caso de que se desconecte el dispositivo sin más, existe la posibilidad de que se pierda la información de la caché y los datos en el disco queden corruptos.

Esto sucede así porque los datos, cuando se guardan en un dispositivo, no se escriben de forma inmediata; el sistema espera al momento más adecuado para hacerlo, con el fin de no ralentizar el equipo. Estos datos permanecerán en una zona denominada "caché" hasta que sean sincronizados con el disco.

7.4.4 Borrado de un disco

El borrado de un disco es una operación frecuente con dispositivos como *pendrives* o tarjetas de memoria y no tan frecuente con otros dispositivos como un disco duro o unidad SSD.

Con la utilidad de discos se puede borrar un disco completo o cualquiera de sus particiones. En el caso de que se borre una partición, el contenido de las demás particiones permanecerá intacto.

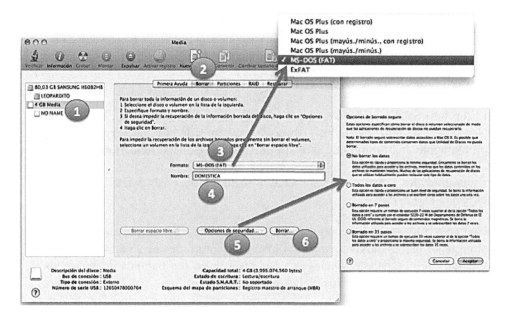

Figura 7.27. Pasos en el borrado de un disco

Para borrar un disco, por ejemplo, se seguirán los siguientes pasos:

- **Paso 1**. Elegir el disco a borrar de la lista correspondiente.

- **Paso 2**. Ir a la sección de borrar.

- **Paso 3**. Elegir el formato del sistema de archivos teniendo en cuenta que para los *pendrives* es mejor utilizar FAT, puesto que de esa manera pueden utilizarse en cualquier sistema, y para los discos internos es mejor utilizar Mac OS Plus (con registro), puesto que es el sistema por defecto para OS X y es el que va a aportar mayor seguridad y rendimiento al sistema.

- **Paso 4**. Elegir un nombre para el disco. El disco se etiquetará con dicho nombre para poder reconocerlo luego desde el Finder u otro sitio.

- **Paso 5**. Elegir las opciones de seguridad. Este paso es opcional. Por defecto, los datos no se borran por si se quiere utilizar alguna herramienta para recuperarlos. Tiene cuatro opciones, según el interés que tenga el usuario en hacer que los datos no sean recuperables y según el tiempo que desee esperar. Se detallan a continuación:

  - No borrar los datos. Como se ha comentado, esta opción deja los datos inalterados por si se desea utilizar una herramienta software de recuperación de información. Los datos se podrán recuperar si no han sido sobrescritos.

  - Poner todos los datos a cero. Proporciona buen nivel de seguridad puesto que los datos se sobrescriben con ceros una vez.

  - Borrado en 7 pasos. Dura siete veces más que la opción anterior, pero los datos son prácticamente irrecuperables. Para hacerse una idea de la seguridad de este borrado basta decir que esta opción cumple con los requisitos del Departamento de Defensa de los Estados Unidos sobre el borrado seguro de contenidos magnéticos.

  - Borrado en 35 pasos. Tarda 35 veces más que la opción de poner todos los datos a cero. Con esta opción el borrado es irrecuperable.

- **Paso 6**. El siguiente paso consiste en ejecutar el proceso de borrado pulsando el botón de borrar.

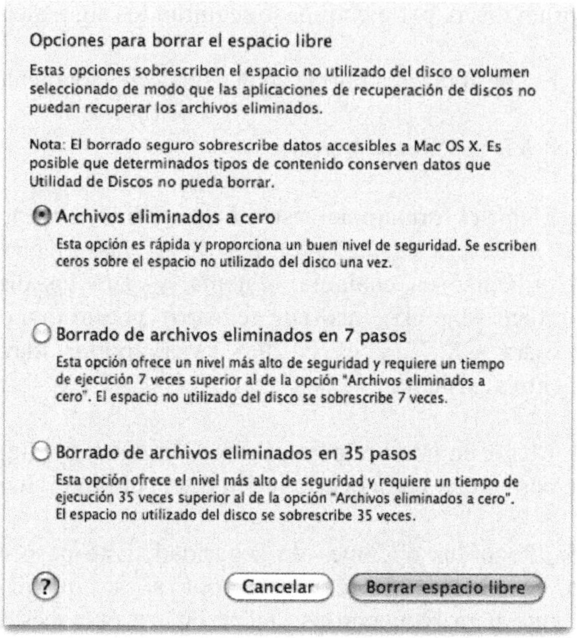

Opciones para borrar el espacio libre

Estas opciones sobrescriben el espacio no utilizado del disco o volumen seleccionado de modo que las aplicaciones de recuperación de discos no puedan recuperar los archivos eliminados.

Nota: El borrado seguro sobrescribe datos accesibles a Mac OS X. Es posible que determinados tipos de contenido conserven datos que Utilidad de Discos no pueda borrar.

⦿ Archivos eliminados a cero

Esta opción es rápida y proporciona un buen nivel de seguridad. Se escriben ceros sobre el espacio no utilizado del disco una vez.

◯ Borrado de archivos eliminados en 7 pasos

Esta opción ofrece un nivel más alto de seguridad y requiere un tiempo de ejecución 7 veces superior al de la opción "Archivos eliminados a cero". El espacio no utilizado del disco se sobrescribe 7 veces.

◯ Borrado de archivos eliminados en 35 pasos

Esta opción ofrece el nivel más alto de seguridad y requiere un tiempo de ejecución 35 veces superior al de la opción "Archivos eliminados a cero". El espacio no utilizado del disco se sobrescribe 35 veces.

⑦   (Cancelar)   (Borrar espacio libre)

Figura 7.28. Opciones para borrar el espacio libre

Recuerda

La partición de arranque (la partición desde la cual arranca el equipo) no puede ser borrada. En caso de querer borrarla se deberá arrancar el sistema desde otro disco (como el de instalación de Mac OS X).

7.4.5 Obtener información de un disco

Figura 7.29. Botón de información

Para obtener información sobre un disco solamente hay que seleccionar el disco y pulsar sobre el botón de **Información**.

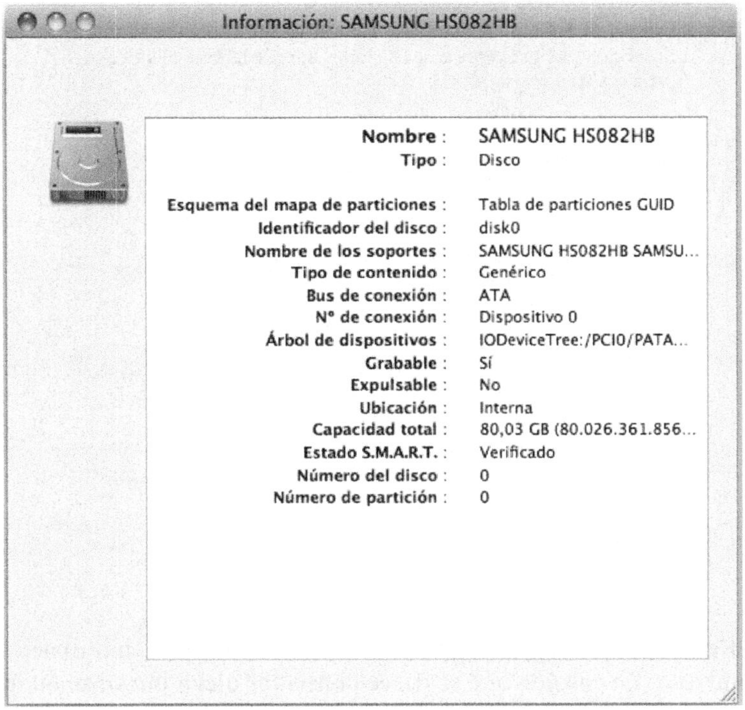

Figura 7.30. Información sobre un disco de arranque

En el caso de la figura anterior se puede observar la información sobre un disco de arranque de Mac OS X. Se puede saber que es un disco de arranque porque la tabla de particiones es de tipo GUID. Además de esta información se puede conocer del disco el tamaño, modelo, estado SMART, etc.

Arrancar un Mac desde un dispositivo externo

Es posible arrancar un Mac con procesador Intel desde un disco externo USB, Thunderbolt, etc., siempre y cuando el disco tenga un esquema de particiones GUID.

Si, al obtener información, el esquema de particiones no es GUID, habrá que volver a particionar el disco pulsando sobre el botón de **Opciones** en la pestaña de particiones y eligiendo **Tabla de particiones GUID**.

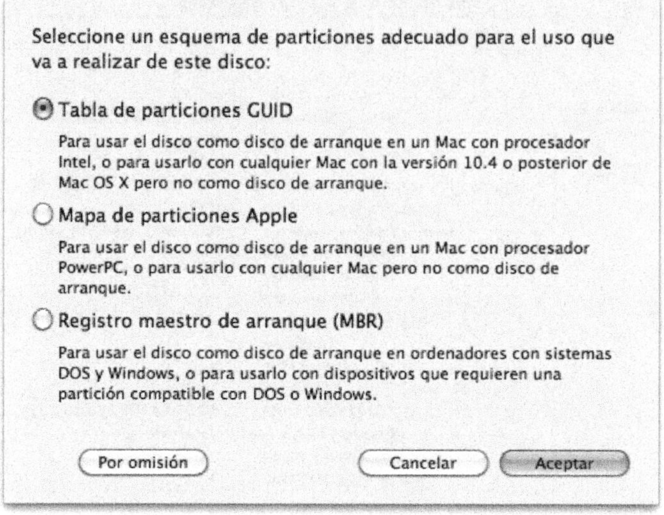

Seleccione un esquema de particiones adecuado para el uso que
va a realizar de este disco:

◉ Tabla de particiones GUID

Para usar el disco como disco de arranque en un Mac con procesador
Intel, o para usarlo con cualquier Mac con la versión 10.4 o posterior de
Mac OS X pero no como disco de arranque.

◯ Mapa de particiones Apple

Para usar el disco como disco de arranque en un Mac con procesador
PowerPC, o para usarlo con cualquier Mac pero no como disco de
arranque.

◯ Registro maestro de arranque (MBR)

Para usar el disco como disco de arranque en ordenadores con sistemas
DOS y Windows, o para usarlo con dispositivos que requieren una
partición compatible con DOS o Windows.

(Por omisión)   (Cancelar)   (Aceptar)

Figura 7.31. Opciones del esquema de particiones

Recuerda que al particionar un disco se pierde la información previa
que contuviese. En caso de que se desee conservar dicha información habrá que
realizar un *backup* previo a la creación de particiones.

Una vez particionado correctamente el nuevo disco, bastará con instalar
el sistema sobre él.

7.4.6 ¿Cómo crear una imagen de un disco?

Crear una imagen de un disco es una tarea sencilla.

- En primer lugar se selecciona el disco de la lista que aparece a la
izquierda de la ventana y se elige la opción **Imágenes – Convertir**.

Aparecerá la ventana siguiente:

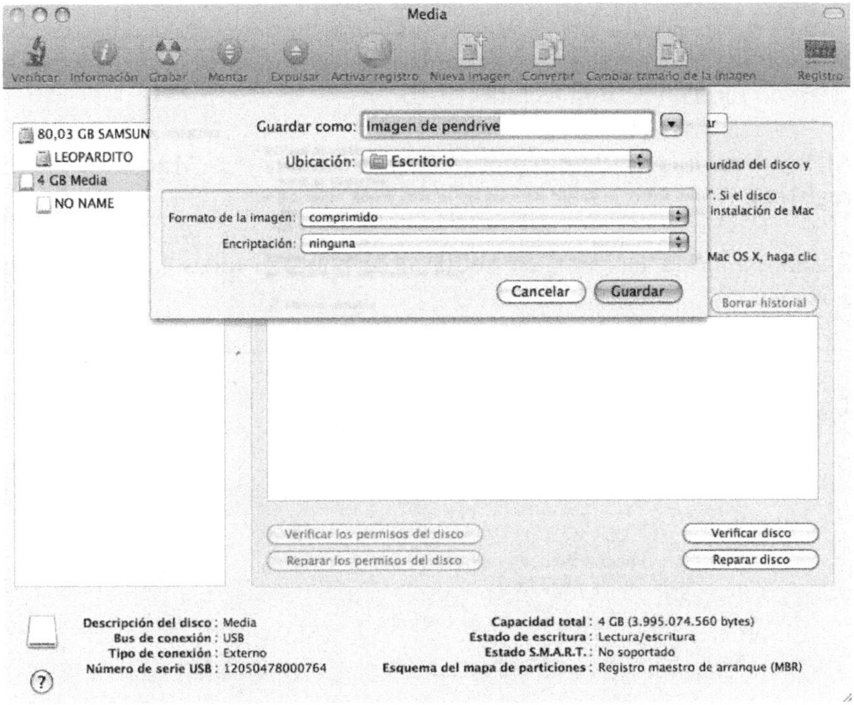

Figura 7.32. Creando una imagen de disco

Se seleccionará la encriptación y el formato que se le desee dar a la imagen, además de la ubicación destino, y se pulsa **Guardar**.

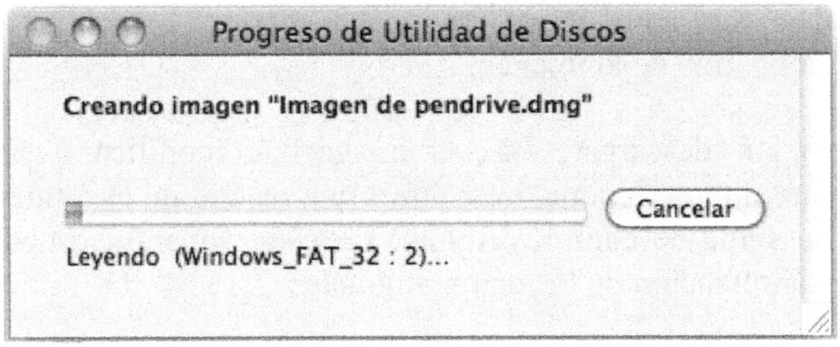

Figura 7.33. Proceso de creación de la imagen de disco

Recuerda

- Si no se desea que nadie modifique la imagen que se va a crear, habrá que elegir un formato de solo lectura.

- Al crear una imagen de disco el formato por defecto es **Mac OS Plus (con registro)**.

- Cuando se borra una imagen de disco se borrarán todos los archivos que contiene.

7.4.7 Verificar imágenes de disco

Figura 7.34. Verificación de imagen de disco

Siempre que se crea una imagen de disco se genera una suma de control, la cual es un número específico que sirve para controlar que los datos de la imagen son los originales y no han sufrido ninguna distorsión. Esta suma de control se almacena en el contenido de la imagen.

Si al copiar, descargar, etc., la imagen se modifica o si se modifica intencionadamente, la nueva suma de control que resulte de esta nueva imagen no coincidirá con la suma de control original. De esta manera se puede saber si ha habido alguna manipulación de los datos originales.

La verificación de una imagen de disco se hace desde el menú principal **Imágenes – Verificar**.

Recuerda

Si la imagen es muy grande, es posible que la comprobación lleve mucho tiempo.

7.5 PROBLEMAS CON EL ARRANQUE

El siguiente apartado pretende dar unos consejos prácticos sobre algunos de los problemas que se pueden presentar en el arranque del equipo. No resuelve todos los problemas, dado que la casuística que se puede presentar es muy amplia; no obstante, puede ser de gran utilidad para los errores más comunes. Si los problemas se resisten hay recursos como la página web de soporte (*support.apple.com*) o el AppleCare, donde se puede recurrir a técnicos para obtener asistencia.

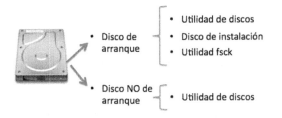

Figura 7.35. Problema en el arranque de un disco

Cuando existen problemas con el arranque, generalmente se recurre a la utilidad de discos arrancando modo seguro o arrancando el equipo desde un disco de instalación y ejecutando la herramienta de primeros auxilios en la primera pantalla de la instalación.

Recuerda

No se puede reparar el disco desde el cual ha arrancado OS X. Se puede verificar pero no reparar; luego, si tras verificar se detectan errores, hay que arrancar desde el disco de instalación y ejecutar desde ahí la utilidad de discos.

Si el disco no se puede montar, es posible que la verificación dé algún tipo de problema.

Si no es posible acceder a la utilidad de discos, habrá que entrar al sistema en modo monousuario y ejecutar el comando *fsck*.

Si tras utilizar estas herramientas no se puede recuperar el sistema de forma operativa, se puede optar por la reinstalación del sistema, o por la reparación, si el problema es del hardware.

Ten en cuenta que un problema en el arranque puede producirse por algún error software o un fallo en el hardware.

7.5.1 El arranque en modo seguro

Si el equipo no arranca de forma normal, quizás se pueda arrancar de forma segura. El arranque en modo seguro es una forma de iniciar el equipo con una serie de componentes y controladores mínimos para poder realizar funciones de mantenimiento. Hay cosas que no van a funcionar cuando se arranca en modo seguro como capturar vídeo con iMovie, usar dispositivos de entrada o salida de audio, utilizar un módem USB externo, etc. Si el equipo tiene programas que se ejecutan al inicio, como Dropbox, tampoco se iniciarán.

El arranque seguro, además de intentar poner en funcionamiento el sistema, intenta realizar unas operaciones básicas de mantenimiento como realizar un chequeo del disco de arranque (por eso puede tardar algo más al arrancar), borrar la caché compartida del cargador dinámico (la cual a veces hace que se quede la pantalla azul al arrancar, muchas veces tras una actualización de software), mover a la papelera la caché de las fuentes, etc.

Recuerda

El arranque seguro, al tener que hacer el sistema tareas de mantenimiento, es mucho más lento.

7.5.2 ¿Cómo se arranca el equipo en forma segura?

El arranque en modo seguro es muy parecido a un arranque de forma normal, salvo que hay que presionar la tecla **Shift** cuando se escucha el tachán (sonido de inicio) y soltarla al ver el icono de la manzana. A continuación se verá paso a paso cómo arrancar en modo seguro.

Figura 7.36. Pasos en el arranque en modo seguro

- **Paso 1**. Arrancar el equipo de forma normal. El equipo, si está encendido, se apaga de forma normal y se enciende como de costumbre.

- **Paso 2**. En el momento que se escuche el sonido de inicio (el tachán), se presionará la tecla **Shift**. Si el equipo tiene desactivados los altavoces o problemas con el sonido, se presionará la tecla **Shift** una vez se ve la pantalla gris.

- **Paso 3**. Una vez aparece en la pantalla la imagen de la manzana o el indicador de progreso, se soltará el botón de **Shift**.

- **Paso 4**. El equipo comenzará a hacer tareas de mantenimiento, como chequear el volumen de arranque, y se evidenciará un arranque más lento.

- **Paso 5**. Inicio de sesión en modo seguro. Aparece la ventana de inicio seguro y habrá que identificarse en el sistema introduciendo el usuario y la contraseña. La apariencia del sistema una vez iniciado es similar a la de un arranque normal, salvo por las limitaciones que ya se han explicado.

7.5.3 ¿Qué utilidad usar tras un arranque en modo seguro?

Tras un arranque en modo seguro lo más normal es ejecutar la utilidad de discos y verificar qué problema ha estado ocurriendo con el equipo. Dentro de la pestaña **Primera ayuda** de la utilidad de discos existen las opciones de **Verificar**

disco y **Reparar disco**. Se ejecutará **Verificar disco** y después **Reparar disco**, en caso de que el proceso de verificación encuentre problemas.

Se suele realizar la verificación del disco cuando:

- El equipo no arranca.

- El equipo tarda mucho en arrancar.

- Las aplicaciones se cierran inesperadamente.

- Los dispositivos externos no funcionan correctamente.

- Otros errores que hagan sospechar que el disco no está trabajando correctamente.

7.5.4 ¿Y si el equipo no arranca? Arranque en modo monousuario y fsck

Es muy raro tener que recurrir al arranque en modo monousuario y al comando *fsck* (*file system check*) cuando el equipo no arranca. No obstante, es una alternativa que puede ayudar a solucionar los problemas del equipo. Los pasos a dar para chequear el disco con la herramienta *fsck* son los siguientes:

1. Apagar el equipo si estaba ya encendido.

2. Arrancar el equipo y pulsar la combinación de teclas **Comando + S** durante el arranque. De esta manera se entrará en modo monousuario.

3. Esperar a que cargue todo el sistema. Durante la carga se podrá observar mucho texto por pantalla.

4. Teclear el comando *fsck -fy* seguido de **Intro**, el cual forzará el chequeo del disco y aplicará automáticamente todas las sugerencias que pueda mostrar el comando.

5. Una vez realizado el chequeo, reiniciar el sistema ejecutando el comando *reboot*" seguido de **Intro**.

Si todo va correctamente, el sistema arrancará y se podrá seguir analizando el sistema con la utilidad de discos u otra herramienta.

Capítulo 8

ACTUALIZACIÓN Y AUTOMATIZACIONES DEL SISTEMA

Actualizar y automatizar el sistema va a hacer que nuestro equipo sea mucho más eficiente y eficaz. Al actualizar el sistema no solo se corrigen agujeros de seguridad, sino que se mejoran versiones de *drivers* y aplicaciones haciendo que estos funcionen mejor y aumenten sus prestaciones. Las automatizaciones del sistema pueden ser de sumo interés para aquellos usuarios que deseen sacar el máximo partido al sistema.

8.1 ACTUALIZACIONES AUTOMÁTICAS

Al igual que muchos sistemas operativos, OS X actualiza el sistema cuando realiza actualizaciones, mejoras o añade parches a su software. Estas actualizaciones automáticas incluyen:

- Actualizaciones de programas como iTunes, Safari, iPhoto, etc.

- Parches de seguridad.

- Corrección de errores.

- Nuevos *drivers* para cámaras, impresoras, escáneres, etc.

- Otro software.

Cuando existe una nueva actualización, el sistema lo notifica y el usuario puede instalar dichas actualizaciones. Generalmente se muestra una ventana como la siguiente:

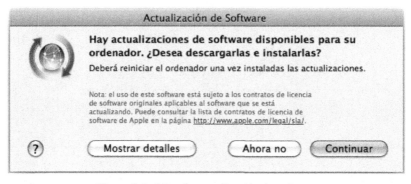

Figura 8.1. Aviso de actualización de software

En el caso de que se desee continuar con la instalación, el sistema presentará otra ventana con más detalles sobre el software que se va a instalar.

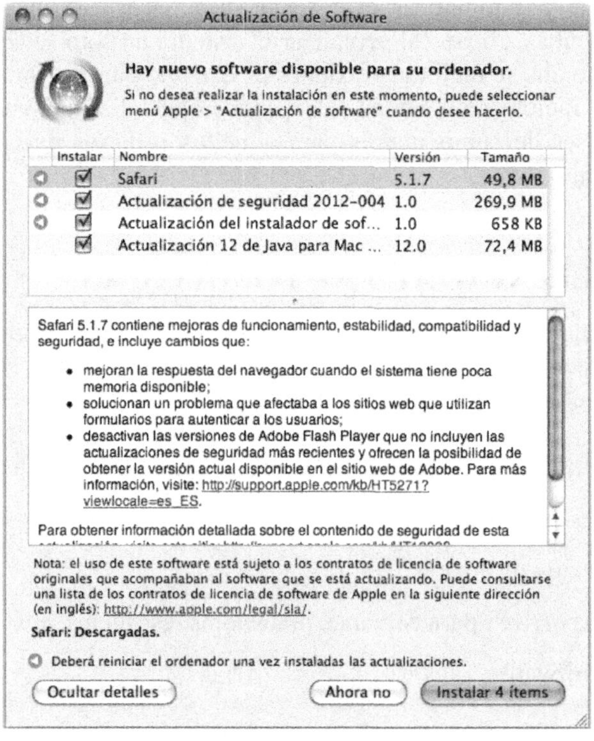

Figura 8.2. Detalle de las actualizaciones de software

OS X permite elegir qué actualizaciones se van a instalar en el equipo. Si se desea no instalar alguna actualización, basta con desmarcar y no se instalará en el equipo. Todas las instalaciones realizadas quedan registradas en *logs*.

Es posible configurar las actualizaciones automáticas dentro del panel de **Preferencias del sistema – Actualización de software**.

Figura 8.3. Herramienta de actualización de software

Dentro de la herramienta de actualización de software se puede elegir si el sistema busca automáticamente las actualizaciones y cambiar la periodicidad de las búsquedas.

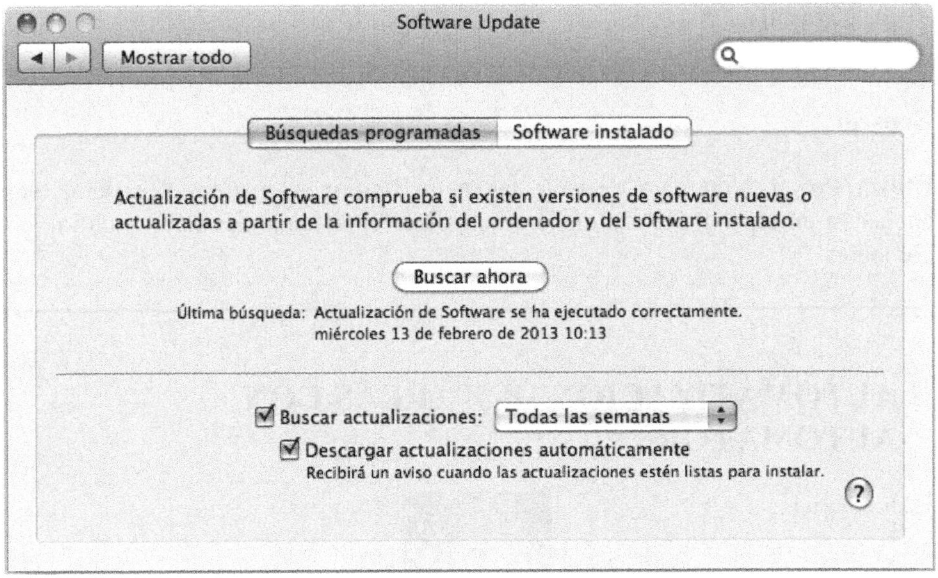

![Software Update]

Figura 8.4. Herramienta de actualizaciones de software

Generalmente es útil dejar marcada la opción **Descargar actualizaciones automáticamente**. De esa manera, las actualizaciones se descargan en segundo plano mientras se está utilizando el equipo de forma normal.

Si se pulsa el botón **Buscar ahora**, se fuerza al sistema a que busque si existen actualizaciones en ese mismo momento. En caso de que existan nuevas actualizaciones no incluidas en el equipo, el sistema avisará de ello.

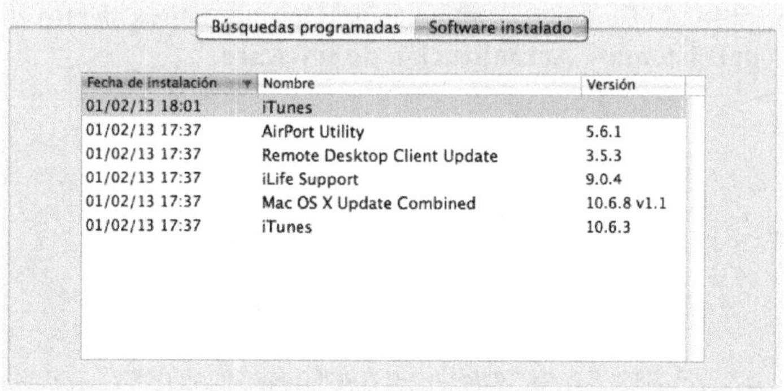

Búsquedas programadas	Software instalado	
Fecha de instalación ▼	Nombre	Versión
01/02/13 18:01	iTunes	
01/02/13 17:37	AirPort Utility	5.6.1
01/02/13 17:37	Remote Desktop Client Update	3.5.3
01/02/13 17:37	iLife Support	9.0.4
01/02/13 17:37	Mac OS X Update Combined	10.6.8 v1.1
01/02/13 17:37	iTunes	10.6.3

Figura 8.5. Software instalado

Por último, en la pestaña de **Software instalado** se puede ver una lista con todas las actualizaciones hechas al equipo hasta el momento, junto con la versión y la fecha de instalación.

Consejo

Utiliza Power Nap para realizar las actualizaciones cuando el sistema se encuentra en reposo. De esa manera actualizar el sistema resultará mucho más cómodo.

8.2 AUTOMATIZACIÓN DE TAREAS CON AUTOMATOR

Figura 8.6. Icono de Automator

Como vimos en el capítulo 2, Automator es una herramienta que permite automatizar tareas repetitivas dentro del sistema. Para automatizar tareas existe la opción de realizar *scripts* en AppleScript (como se vio en el capítulo 7), para lo cual en muchos casos es necesario algún conocimiento de programación; otra opción es realizar estas automatizaciones con Automator de una forma más visual y sencilla. Aunque con AppleScript se pueden realizar tareas muy complejas, Automator puede ser una herramienta suficiente para la mayoría de necesidades que se puedan tener y el usuario menos avanzado lo encontrará más productivo que AppleScript.

Figura 8.7. Plantillas de Automator

Recordemos que una vez iniciada la aplicación de Automator, el programa ofrece siete plantillas:

- Flujo de trabajo.

- Aplicación.

- Servicio.

- Acción de carpeta.

- Módulo de impresión.

- Alarma de iCal.

- Módulo de captura de imagen.

A continuación veremos los pasos que hay que dar para crear un flujo básico de trabajo con Automator y la creación de acciones de carpeta.

8.2.1 Crear un flujo básico de trabajo con Automator

Tal y como se hizo con AppleScript, este tipo de aplicaciones se comprenden mejor con pequeños ejemplos de utilización.

En el siguiente ejemplo lo que se quiere conseguir es que todos los archivos dmg que se descarguen en la carpeta Descargas se muevan automáticamente a una nueva carpeta que se ha denominado Paquetes. De esa manera, los archivos de instalación están más organizados.

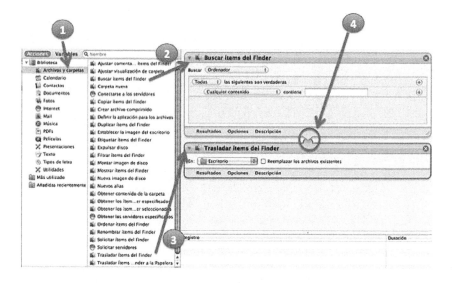

Figura 8.8. Creando el flujo de trabajo

Como el objetivo de esta automatización es mover ficheros, el primer paso a dar es seleccionar de la biblioteca Archivos y carpetas (paso 1), de esa manera solamente aparecen en la lista las acciones relacionadas con el Finder.

El segundo paso consistirá en armar el flujo de trabajo eligiendo **Buscar ítems del Finder** (paso 2), para poder así seleccionar los archivos dmg, y, posteriormente, **Trasladar ítems del Finder** (paso 3). De esa manera se pueden seleccionar los archivos deseados y llevarlos a otra ubicación.

Una vez elegidas estas dos acciones, se puede ver cómo se encadenan (paso 4).

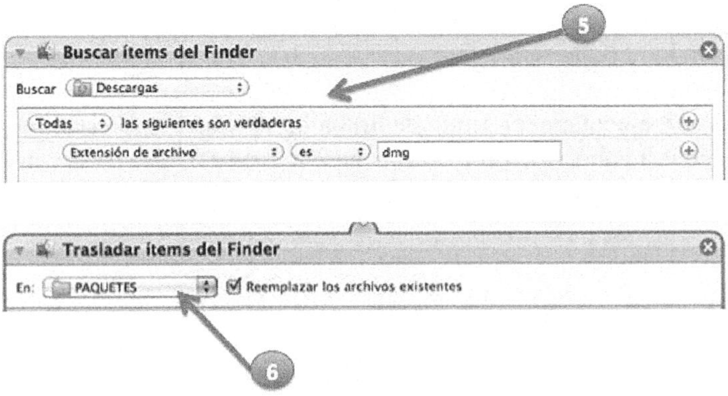

Figura 8.9. Cumplimentar las acciones

Ya que están seleccionadas las acciones necesarias, el siguiente paso es detallar las acciones que queremos que hagan. En el paso 4 se seleccionarán los archivos de la carpeta Descargas cuya extensión sea igual a dmg.

En la acción de trasladar ítems del Finder se seleccionará la carpeta destino (Paquetes) marcando o no la opción de Reemplazar los archivos existentes.

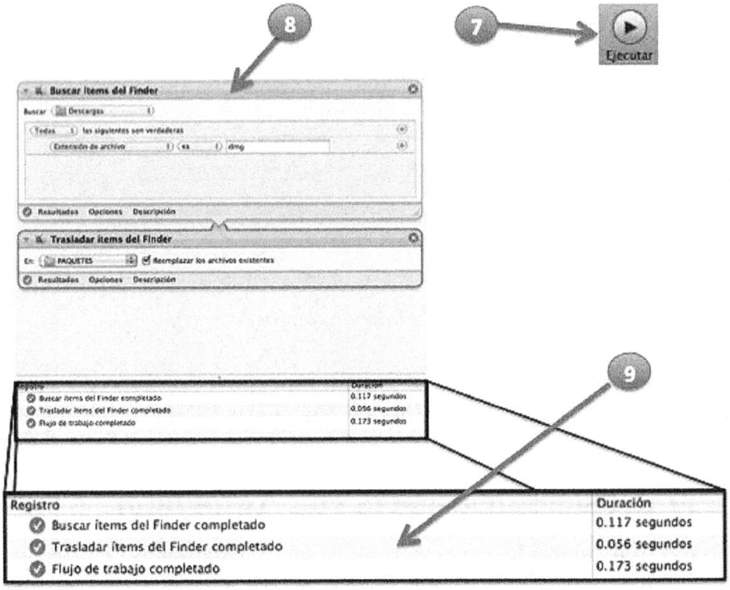

Figura 8.10. Ejecución del flujo de trabajo

Una vez terminado de diseñar el flujo de trabajo es momento de ejecutarlo (paso 7) pulsando el botón **Ejecutar**.

Una vez ejecutado el flujo de trabajo, se puede observar el *log* de las acciones llevadas a cabo, comprobando si han ocurrido o no errores (pasos 8 y 9).

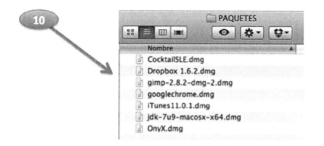

Figura 8.11. Verificando el resultado del flujo de trabajo

Una vez comprobado que todo se ha ejecutado correctamente, se examina la carpeta Paquetes verificando que los archivos se han movido correctamente (paso 10).

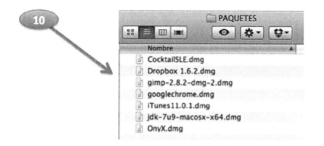

Figura 8.12. Guardando el flujo de trabajo

Una vez realizadas todas las verificaciones, es momento de guardar el flujo de trabajo para poder ejecutarlo en otra ocasión (paso 11).

8.2.2 Crear acciones de carpeta con Automator

El siguiente ejemplo va a ser algo más sofisticado. El objetivo de este ejercicio es añadirle acciones a una carpeta para que en el momento en que se depositen ficheros de imagen (formato jpg o png) se haga una copia de los mismos a una resolución menor para poder publicarlos en la Web, enviarlos por correo electrónico, etc.

El primer paso a dar es elegir la plantilla de acción de carpeta en la pantalla principal (paso 1).

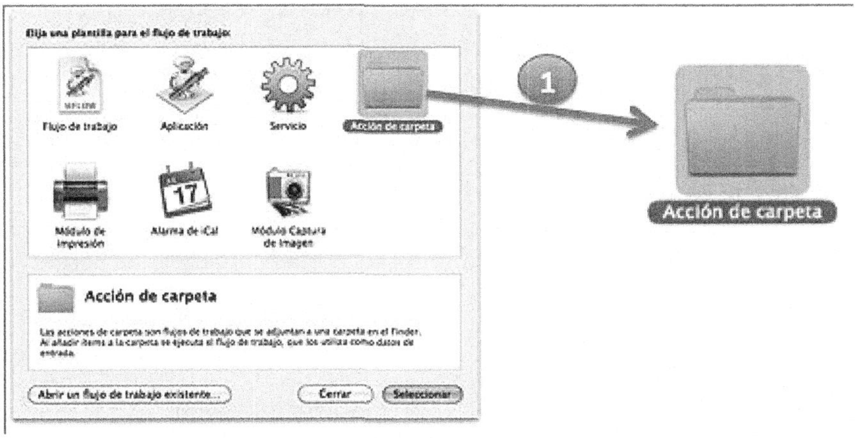

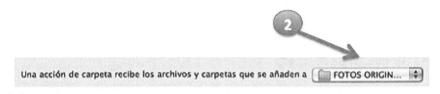

Figura 8.13. Plantilla Acción de carpeta

Al elegir una carpeta, cuando se añadan ficheros a la misma, la acción se ejecutará automáticamente.

Figura 8.14. Estableciendo la carpeta con la acción

El siguiente paso (paso 2) será elegir la carpeta objetivo de la acción. La idea es tener dos carpetas, Fotos originales y Fotos publicar. La carpeta Fotos publicar contendrá todas las fotos contenidas en la carpeta Fotos originales, pero escaladas a un tamaño menor para poder así publicarlas en una página web.

Figura 8.15. Eligiendo las acciones que van a ejecutarse

Una vez seleccionada la carpeta origen, es momento de crear las acciones que se van a llevar a cabo con la misma. La primera es seleccionar las fotos de la carpeta (paso 3), para luego copiarlas en la carpeta destino (paso 4). Para estos dos pasos se eligen las acciones:

- Buscar ítems del Finder.

- Copiar ítems del Finder.

Una vez copiados los archivos se elige la acción **Ajustar tamaño de las imágenes** (paso 5) para reducirlas de tamaño.

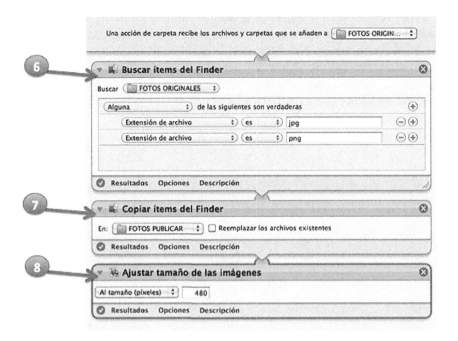

Figura 8.16. Acciones que se van a realizar sobre los ficheros

En el paso 6 lo que se hace es filtrar los ficheros de la carpeta Fotos originales, de tal manera que si los ficheros no son jpg o png, no se realizará ninguna acción sobre ellos. En el paso 7 se copian los archivos de imagen a la carpeta Fotos publicar, mientras que en el paso 8 se ajusta el tamaño de las imágenes a un máximo de 480 píxeles de anchura o de altura.

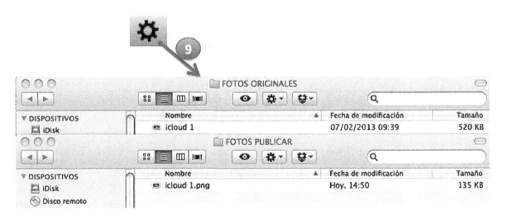

Figura 8.17. Ejecutando la acción

Una vez definida y guardada la acción sobre la carpeta , se puede observar que cada vez que se añaden ficheros a la carpeta, aparece una rueda dentada dando vueltas en la barra superior del escritorio (paso 9). Eso quiere decir que se está desencadenando la acción. Como se puede ver en la figura superior, la nueva imagen creada reduce su tamaño y a consecuencia de ello el espacio que ocupa en disco es mucho menor (pasa de 520 a 135 KB).

Capítulo 9

APLICACIONES BÁSICAS EN OS X

En este capítulo veremos una serie de aplicaciones de uso básico, algunas de ellas incorporadas por el propio Mac OS X y otras que hay que instalar.

9.1 REPRODUCTORES MULTIMEDIA

Existe un amplio abanico de reproductores multimedia, algunos de ellos vienen instalados junto al sistema operativo —como el Reproductor de DVD o QuickTime Player—; otros, como VLC Player, serán necesarios para poder visualizar formatos no soportados.

Figura 9.1. Reproducción de un DVD

9.1.1 Reproductor de DVD

El **Reproductor de DVD** que incorpora Mac OS X es muy completo y proporciona las opciones de cualquier reproductor de sobremesa. Dispone de un controlador, con los botones de navegación habituales, que permite acceder a los menús, expulsar el DVD, controlar el volumen, reproducir a cámara lenta, elegir subtítulos, reproducir fotograma a fotograma y elegir el audio o el ángulo.

Figura 9.2. Botones de navegación del controlador del Reproductor de DVD

Podemos configurar una serie de preferencias:

- **Reproductor**. En este apartado podemos activar las siguientes opciones:

  - Al abrir el reproductor, iniciar la reproducción del disco y a pantalla completa.

  - Poner en pausa la reproducción si el reproductor está inactivo.

  - Al insertar el disco, iniciar la reproducción.

  - Poner la unidad en reposo al reproducir con batería.

  - Al silenciar, mostrar los subtítulos opcionales.

  - Durante el uso de Mensajes con audio, silenciar audio del DVD o poner en pausa.

  - Si minimizamos el reproductor, poner en pausa la reproducción.

- **Configuración del disco**. Aquí podemos establecer el idioma de audio, subtítulos y menús, activar enlaces web *DVD@ccess* y configurar la salida de audio.

- **Pantalla completa**. En este apartado podemos ocultar el controlador cuando pase un tiempo de inactividad, atenuar las demás pantallas, seguir a pantalla completa si el reproductor está inactivo, usar el tamaño de vídeo actual a pantalla completa, desactivar la barra de menús (modo quiosco) y permitir que se active el salvapantallas si está activada la opción anterior.

- **Ventanas**. Aquí configuramos el ver la información de estado, ocultar el controlador con un fundido, el color de los subtítulos (texto y fondo) y el tamaño y tipo de letra.

- **Previamente visualizado**. Aquí se establece desde dónde se reproduce el disco (si desde el principio, desde la última posición, desde una marca por omisión o que pregunte). También se puede activar el uso de los ajustes del disco para el ecualizador de audio, el color y zoom de vídeo.

- **Alta definición**. En este último apartado se establece el tamaño para vídeo de definición estándar y para alta definición.

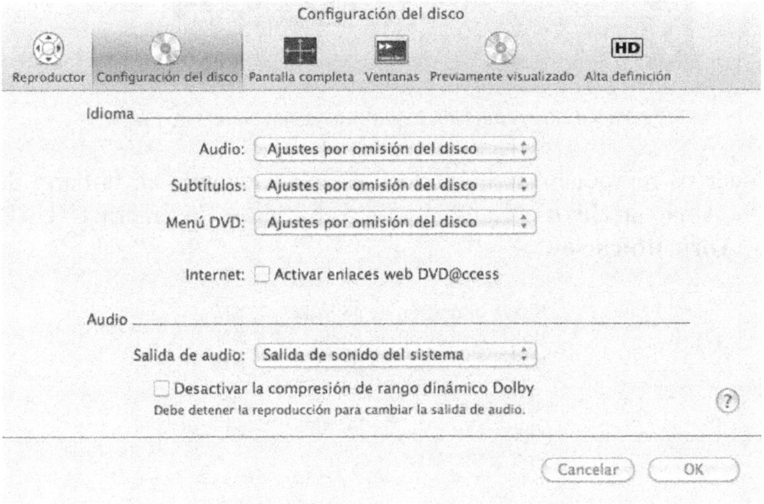

Figura 9.3. Preferencias del Reproductor de DVD

9.1.2 QuickTime Player

QuickTime Player es un reproductor de audio y vídeo compatible con los siguientes formatos de archivo:

- De **vídeo**: QuickTime Movie (.mov), MPEG-4 (.mp4, .m4v), MPEG-2, MPEG-1, 3GPP, 3GPP2, AVCHD, AVI y DV.

- De **audio**: iTunes Audio (.m4a, .m4b, .m4p), MP3, Core Audio (.caf), AIDFF, AU, SD2, WAV, SND y AMR.

Figura 9.4. Reproducción de un vídeo con QuickTime Player

Podemos reproducir archivos locales seleccionando en la barra de menús **Archivo – Abrir archivo** y también una ubicación de Internet (URL) desde **Archivo – Abrir ubicación.**

Nueva grabación de película	⌥⌘N
Nueva grabación de audio	^⌥⌘N
Nueva grabación de pantalla	^⌘N
Abrir archivo...	⌘O
Abrir ubicación...	⌘L
Abrir recientes	▶
Cerrar	⌘W
Duplicar	
Exportar...	⇧⌘S
Exportar a	▶
Compartir	▶

Figura 9.5. Menú Archivo dentro de QuickTime Player

Además es posible realizar grabaciones de vídeo utilizando la cámara integrada en el Mac o de audio utilizando el micrófono. Otra opción es realizar grabaciones de nuestras acciones en la pantalla. Al pulsar el botón circular de grabación se iniciará la misma; para finalizar pulsamos el mismo botón (se habrá convertido en un cuadrado). Si pulsamos en el triángulo invertido, aparecerá un menú donde podemos elegir la cámara, el micrófono, la calidad del vídeo y el lugar donde se guardará la grabación.

Figura 9.6. Cuadro de botones de grabación

Desde **Visualización** podemos configurar el tamaño de la pantalla haciendo diferentes ajustes, mostrar los subtítulos y elegir el idioma, navegar por los capítulos, mostrar los clips o pistas de audio y la reproducción en bucle.

Usar pantalla completa	^⌘F
Flotar por encima de todo	
Tamaño real	⌘1
Ajustar a pantalla	⌘3
Llenar pantalla	⌘4
Panorámica	⌘5
Aumentar tamaño	⌘+
Reducir tamaño	⌘—
Mostrar subtítulos opcionales	⌥⌘T
Idiomas	▶
Subtítulos	▶
Mostrar capítulos	⌘R
Capítulo siguiente	⇧⌘→
Capítulo anterior	⇧⌘←
Mostrar clips	⌘E
Mostrar pista de audio	⌘U
Bucle	⌥⌘L

Figura 9.7. Menú Visualización

9.1.3 VLC Player

VLC Player es un reproductor de audio y vídeo muy versátil que admite prácticamente la totalidad de formatos de audio y vídeo, siendo el complemento perfecto a los anteriores.

Entre los formatos de vídeo tenemos MPEG, AVI, WMV, MOV, MP4, 3GP, MKV y FLV, entre los más conocidos, incluyendo multitud de códecs como DivX O XviD. En cuanto al audio, admite MP3, ASF, WMA, WAV, AAC, DTS, AC3, Real Audio, MIDI y un largo etcétera.

Para reproducir una canción o vídeo basta con arrastrar el archivo o medio hasta la ventana principal del programa, en ese momento se añadirá a la lista de reproducción y podremos reproducirlo.

Figura 9.8. Ventana principal de VLC Player

En la parte inferior de la ventana tenemos los controles de reproducción: avance y retroceso, reproducción y pausa, parada, mostrar u ocultar la lista de reproducción, repetir y reproducción aleatoria.

Figura 9.9. Reproducción de DVD con VLC

9.2 COMPRESORES

En este apartado distinguiremos entre aplicaciones que solo descomprimen, como **The Unarchiver** o **Stuffit Expander** (aunque de este último existen versiones que realizan la compresión), y otras que permiten la compresión y descompresión de archivos, como **Keka**.

9.2.1 Keka

Es una aplicación gratuita si descargamos el correspondiente archivo de extensión DMG de la página web, pero como bien nos advierte en la misma, podemos colaborar con el proyecto comprándola a través de la **App Store** (donde sí es de pago).

Comprime archivos en diversos formatos: 7z, Zip, Tar, Gzip, Bzip2, DMG e ISO. Igualmente sirve como descompresor para los siguientes formatos: RAR, 7z, Lzma, Zip, Tar, Gzip, Bzip2, ISO, EXE, CAB, PAX y ACE.

La instalación se realiza por copia de forma muy sencilla. Para configurar las opciones propias del programa tendremos que hacerlo desde la barra de menús **Keka – Preferencias**.

Dentro de las preferencias encontraremos tres bloques:

- **General**. Desde aquí podremos establecer **Keka** como el compresor predeterminado. En este mismo bloque configuramos qué acciones realizará **Keka**, por defecto el programa decidirá si comprimir o descomprimir según el tipo de archivo; también se puede elegir que comprima siempre o funcione como un descompresor.

Figura 9.10. Pestaña General de las preferencias de Keka

- **Compresión**. Aquí establecemos el formato de compresión por defecto y el método de compresión, que será más lento si queremos mayor grado de compresión. También podemos configurar dónde se guardará el archivo —si junto al archivo original o en una carpeta de nuestra elección— y si el nombre del archivo comprimido será el mismo que el original o un nombre personalizado. Otra opción a configurar será el sonido que se reproducirá al comprimir. Por último tenemos una serie de opciones para marcar: mover a la papelera los archivos comprimidos, excluir los archivos ocultos de Mac, que se muestre el archivo en el Finder al crearlo o comprimir por separado. Esto último permite establecer las opciones por defecto de los distintos compresores y así aparecerán en las ventanas correspondientes (requiere reiniciar la aplicación).

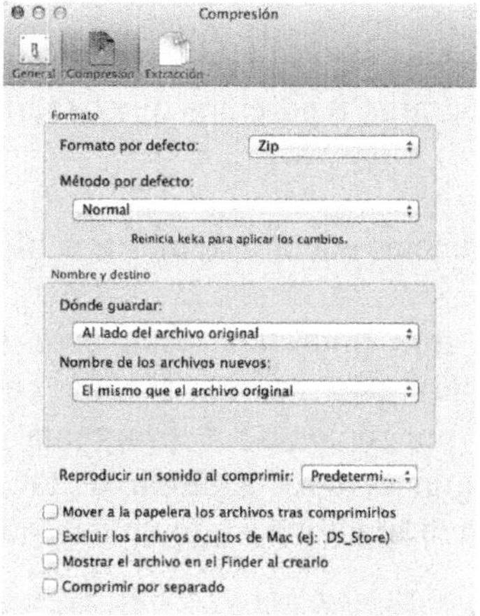

Figura 9.11. Pestaña Compresión de las preferencias de Keka

- **Extracción**. En el apartado dedicado a la extracción podemos configurar la ubicación de los archivos extraídos, el sonido que se reproduce cuando se realiza la extracción, si movemos el archivo comprimido a la papelera (una vez extraídos los archivos), o si mostramos el contenido extraído en el **Finder**.

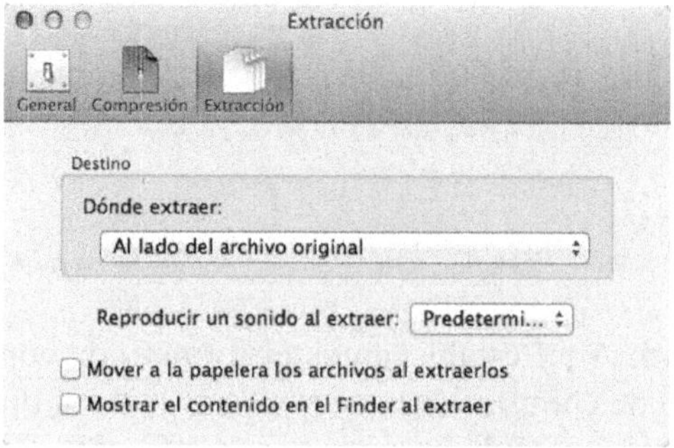

Figura 9.12. Pestaña Extracción de las preferencias de Keka

Desde la ventana principal de **Keka** podemos configurar las opciones de compresión de los distintos formatos. Básicamente, las opciones más importantes son el método de compresión, el tamaño de los archivos (si decidimos partirlos en trozos), la contraseña (si queremos que se requiera la misma para acceder al contenido del archivo comprimido) y otras opciones comentadas anteriormente, como excluir archivos ocultos, borrar los archivos al finalizar la compresión o comprimir por separado.

Figura 9.13. Opciones de compresión con 7zip en Keka

La acción de comprimir o descomprimir es tan sencilla como arrastrar los archivos sobre la ventana correspondiente.

Figura 9.14. Arrastrando una carpeta para comprimir

9.2.2 The Unarchiver

The Unarchiver es un descompresor muy potente que admite multitud de formatos, incluidos los .exe creados en Windows, además puede trabajar con ficheros cuyos nombres están codificados en otros idiomas; por ejemplo, archivos con caracteres japoneses.

Dentro de las preferencias que podemos establecer tenemos:

- **Formato de archivo**. Este programa abarca una amplia gama de archivos, desde los más conocidos como zip, rar o 7z a otros como lha o bin.

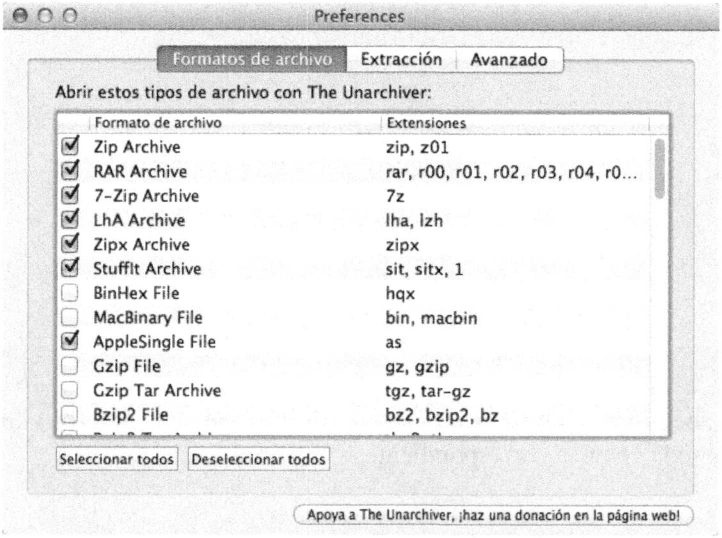

Figura 9.15. Configuración de los Formatos de archivo en The Unarchiver

- **Extracción**. En este apartado configuramos dónde extraer los archivos, en qué casos se crea una nueva carpeta para los archivos descomprimidos, la configuración de la fecha de modificación de la carpeta creada y las acciones a realizar después de la extracción, como abrir la carpeta extraída o trasladar el archivo comprimido a la papelera.

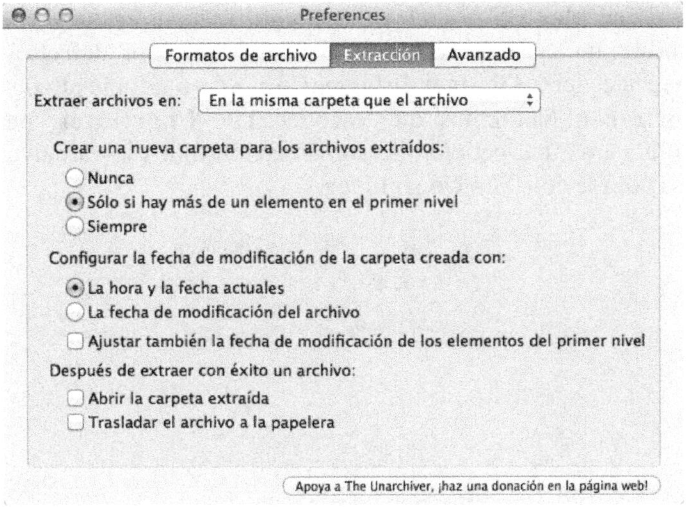

Figura 9.16. Configuración de las opciones de Extracción en The Unarchiver

- **Avanzado**. Aquí establecemos la detección automática de la codificación del nombre de archivo (se puede establecer una concreta, como alguno de los estándares Unicode) y el umbral de confianza por debajo del cual el programa preguntará por la codificación en lugar de utilizar la detección automática.

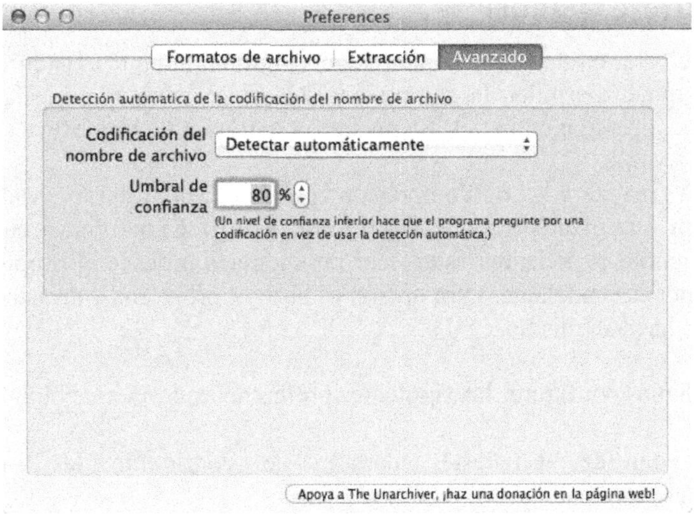

Figura 9.17. Aspectos de configuración avanzada en The Unarchiver

Puesto que Mac OS X incluye su propio descompresor puede ocurrir que **The Unarchiver** no aparezca como el descompresor por defecto, en ese caso tendremos que acceder a **Obtener Información** dentro del menú contextual, en el apartado **Abrir con** tendremos que escoger **The Unarchiver**, pulsaremos en **Cambiar todo** y tras una petición de confirmación todos los archivos del mismo tipo pasarán a abrirse con **The Unarchiver**.

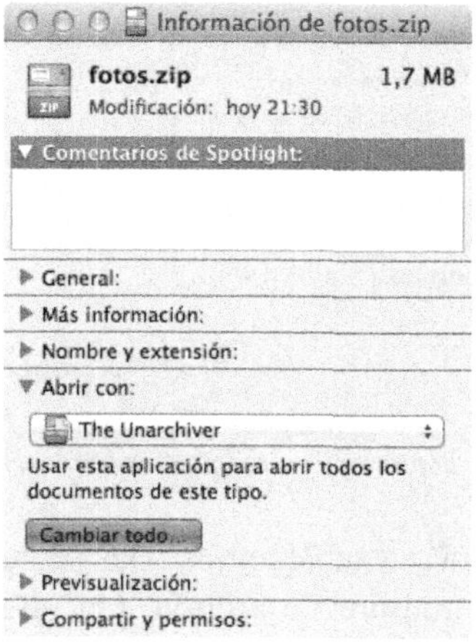

Figura 9.18. Opciones de Abrir con dentro de Obtener Información

9.2.3 Stuffit Expander

Es otro descompresor, en su versión gratuita, aunque existen versiones de pago que también permiten la compresión. No existe versión en español, así que instalaremos la versión en inglés. Se puede encontrar en la **App Store**.

Para realizar la descompresión podemos configurar desde **Obtener Información** que el archivo sea abierto con **Stuffit Expander** o elegirlo desde **Abrir con**, también podemos establecer la vinculación desde el propio programa, como veremos más adelante. Otra opción es abrir el programa y arrastrar el archivo comprimido hasta el mismo.

Podemos configurar las siguientes preferencias desde tres bloques:

- **Expander**. En este apartado se configuran las opciones de descompresión:

  - Para la ubicación de los archivos descomprimidos podemos elegir que nos pregunte, que descomprima en el mismo sitio donde está el archivo o especificar un directorio concreto.

– Puede crear un directorio donde descomprimir los archivos siempre, nunca o cuando el archivo comprimido contenga múltiples elementos.

– Después de la descompresión puede montar las imágenes de disco, abrir el contenido en el Finder o mover el archivo comprimido a la papelera.

– En cuanto a notificaciones, puede enviar una notificación con un sonido cuando termine o un *email* a una dirección que habrá que especificar.

Figura 9.19. Opciones de descompresión de Stuffit Expander

- **General**. Aquí podemos activar que se almacene un archivo de *log* con información del uso del programa.

Figura 9.20. Opciones del apartado General de Stuffit Expander

- **Advanced**. En este apartado podemos ver qué programas están asignados para abrir los distintos formatos de archivos comprimidos y podemos asignar de forma individual los formatos que más nos interesen para que sean descomprimidos con **Stuffit Expander** o asignarlos todos.

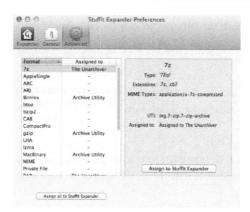

Figura 9.21. Opciones avanzadas de Stuffit Expander

9.3 CLEANERS

Aunque Mac OS X es conocido por su sencillez de uso y por su gestión transparente, siempre hay elementos que podemos mejorar con algunos programas de mantenimiento como es el caso de los *cleaners*, que nos permitirán eliminar archivos innecesarios o restos de alguna aplicación instalada.

9.3.1 Ccleaner

Esta aplicación está disponible en la **App Store**, aunque si deseamos la versión más reciente podemos descargarla desde *www.piriform.com*.

Al abrir el programa vemos en el panel izquierdo los tres módulos principales:

- **Limpiador**. Es un limpiador de ficheros y aplicaciones, debemos seleccionar qué elementos queremos que busque, podemos seleccionar caché de Internet, historial, *cookies*, la papelera, documentos recientes, *logs*, etc. En la pestaña **Aplicaciones** podemos escoger qué aplicaciones queremos que analice en busca de archivos innecesarios. Una vez seleccionados pulsamos el botón **Analizar**. Una vez analizado el sistema, este avisa mostrando una lista de lo que se va a borrar y el espacio que recuperaremos. Esta lista debemos verificarla, ya que podemos borrar algo importante. Podemos pulsar sobre cualquier elemento para ver con detalle los archivos que se van a borrar. Antes de borrar solicita una confirmación.

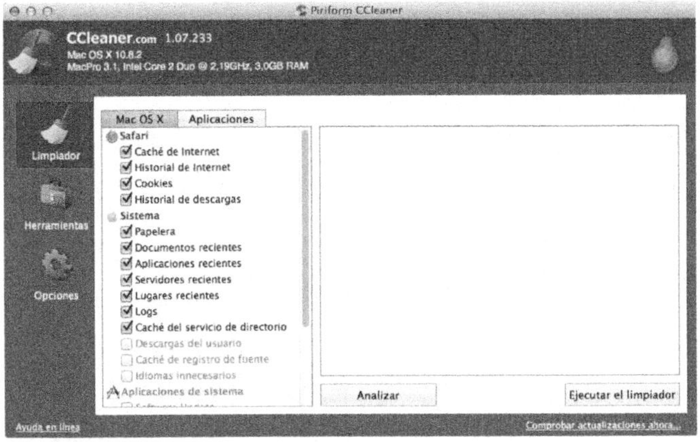

Figura 9.22. Módulo Limpiador de Ccleaner

- **Herramientas**. Aquí encontramos cuatro herramientas:

  – Desinstalar programas.

  – **Inicio**. Permite eliminar elementos que se abren al iniciar sesión.

  – **Reparar permisos**. Repara los permisos para los archivos instalados por el instalador de Mac OS X.

  – **Borrar el espacio libre**. En este caso lo que se realiza es una escritura sobre el espacio del disco no utilizado para que ninguna aplicación de recuperación pueda recuperar los archivos borrados.

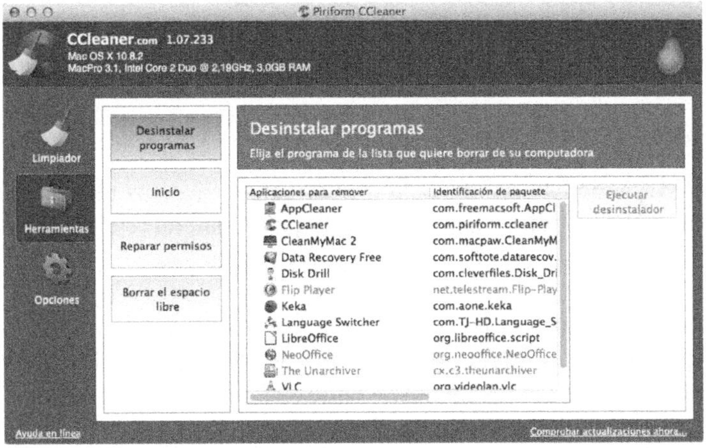

Figura 9.23. Módulo Herramientas de Ccleaner

- **Opciones**. En este apartado podemos realizar cambios en la configuración del propio programa:

  - Activación del borrado seguro.

  - *Cookies* que se quieren borrar o permitir.

  - Selección de archivos y carpetas a limpiar.

  - Selección de archivos y carpetas a excluir.

  - Ajustes para eliminar idiomas innecesarios.

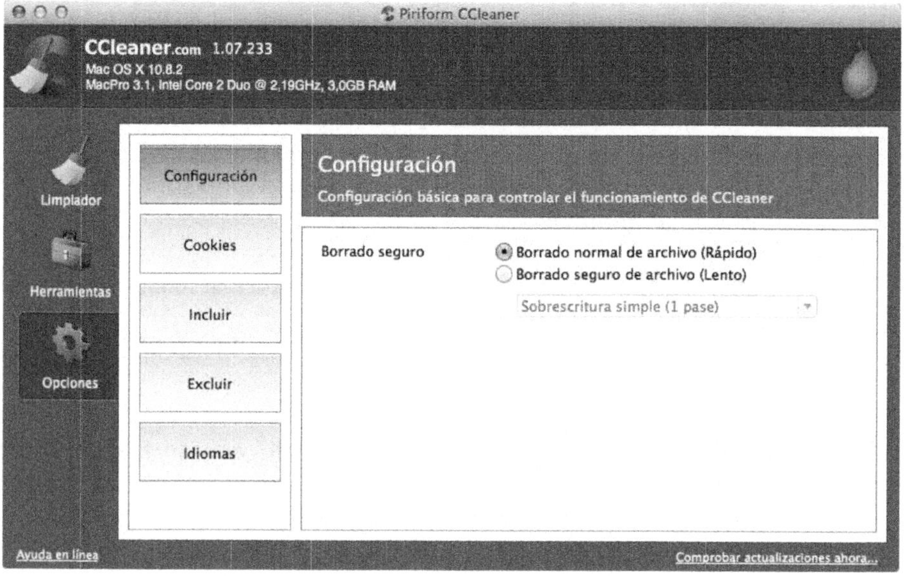

Figura 9.24. Módulo Opciones de Ccleaner

9.3.2 CleanMyMac

CleanMyMac es una aplicación que realiza diversas tareas de limpieza y mantenimiento del sistema. Dispone de un panel lateral en la izquierda de la ventana donde podemos elegir entre diversas utilidades:

- **Limpieza automática**. Realiza un análisis completo buscando elementos de soporte de programas y contenido de la papelera. No da opción de ver los resultados, ya que está más automatizado.

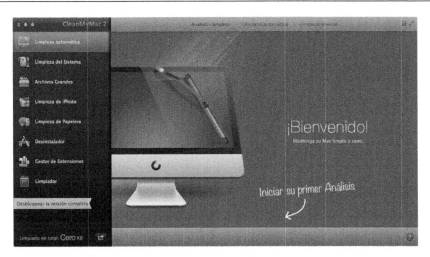

Figura 9.25. Ventana inicial de CleanMyMac

- **Limpieza del sistema**. Analiza el sistema en busca de archivos que no se utilicen, por ejemplo archivos de idiomas que no utilizamos, caché, archivos de registro, etc. Podemos ver los resultados del análisis y elegir qué archivos queremos eliminar y cuáles conservar.

- **Archivos grandes**. Permite localizar y eliminar archivos de gran tamaño y carpetas que no se han abierto durante varios meses. Podemos especificar el tamaño mínimo de los archivos y el período desde la última apertura.

- **Limpieza de iPhoto**. Optimiza y reduce el tamaño de la biblioteca fotográfica de iPhoto quitando copias de imágenes innecesarias.

- **Limpieza de Papelera**. Permite vaciar la **Papelera del Sistema** de unidades internas y externas.

- **Desinstalador**. Permite eliminar de forma completa las aplicaciones, incluyendo archivos de personalización. Podemos ver y seleccionar los archivos a eliminar.

- **Gestor de extensiones**. En este apartado podemos eliminar o desactivar *widgets*, *plugins*, paneles de preferencia, diccionarios, protectores de pantalla y elementos de inicio de sesión.

- **Limpiador**. Borra archivos no deseados o carpetas sin dejar rastros.

Figura 9.26. Ejemplo de uso del desinstalador de CleanMyMac

9.4 HERRAMIENTAS PARA LA RECUPERACIÓN DE DATOS

Aunque Mac OS X incorpora la papelera para almacenar los archivos borrados antes de eliminarlos definitivamente es posible que necesitemos de otras herramientas que permitan recuperar datos que han sido eliminados por error.

9.4.1 Disk Drill

Disk Drill es un programa de recuperación de archivos que han sido borrados del disco duro del Mac, discos duros externos, unidades USB, tarjetas de memoria y otros dispositivos.

La versión de pago está disponible desde la **App Store** pero es posible descargar una versión gratuita desde *www.cleverfiles.com*. Tras realizar una instalación por copia directa podremos acceder a la aplicación para recuperar los archivos perdidos.

Tras una primera ventana donde veremos las distintas unidades que pueden ser analizadas en busca de archivos, seleccionaremos el disco o partición correspondiente y pulsaremos en **Recuperar**. Finalizado el análisis, se mostrarán los resultados de los archivos hallados. La recuperación de estos archivos solo es posible en la versión Pro.

Figura 9.27. Archivos encontrados en una unidad USB

Sin embargo, es posible disfrutar de otras opciones desde la versión gratuita, como activar la protección de los archivos de la unidad, con lo cual se garantiza la recuperación de los mismos. Para ello en la ventana principal seleccionamos la partición que queremos asegurar y pulsamos en **Proteger**.

Figura 9.28. Detalle de la unidad a recuperar

A continuación accedemos a otra ventana donde debemos activar **Recovery Vault**, tras unos instantes indexando archivos ya tendremos nuestra unidad protegida.

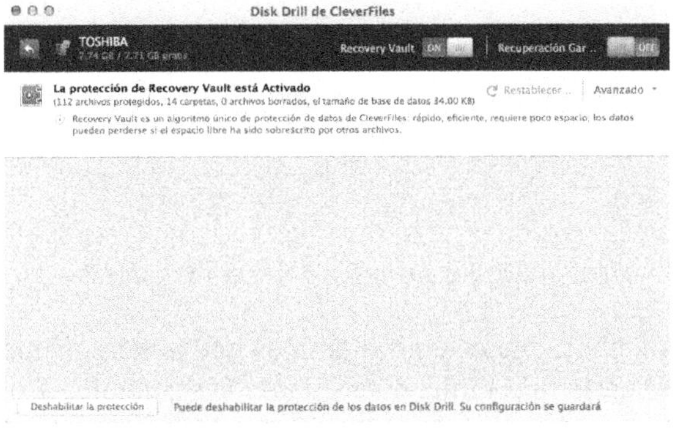

Figura 9.29. Activación de Recovery Vault

Para recuperar los datos protegidos tendremos que hacer clic en el triángulo situado junto al botón **Recuperar** (o **Continuar**, si se ha iniciado anteriormente la recuperación) de la partición elegida: se mostrará un menú contextual donde debemos elegir **Recuperar los datos protegidos**.

TOSHIBA
Partición | Opciones de recuperación

Cargar la sesión anterior (hace 33 seconds)
Ejecutar todos los métodos de recuperación

Recuperar los datos protegidos
Análisis rápido
Análisis profundo
Buscar las particiones HFS perdidas

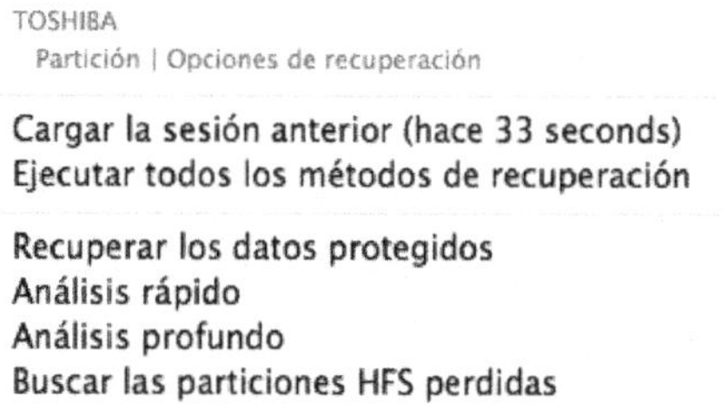

Figura 9.30. Menú de recuperación

Tras un tiempo de análisis, mostrará los archivos borrados. Seleccionamos los que queramos recuperar y pulsamos en **Recuperar**. Los archivos recuperados se almacenarán en la carpeta que especifiquemos en el cuadro desplegable de la parte superior, que en la imagen mostrada es **/Users/usuario/Desktop/recuperados**.

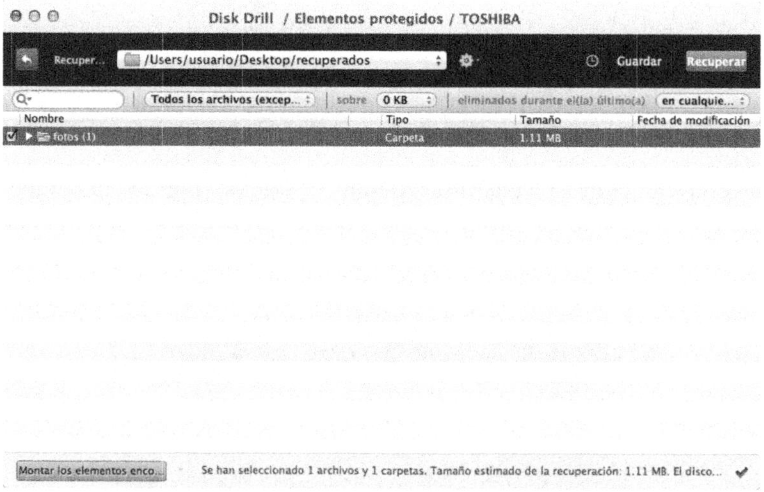

Figura 9.31. Recuperación de archivos protegidos

Una de las ventajas de este programa es que podemos iniciar el proceso de recuperación y finalizarlo más tarde, pues guarda la sesión de recuperación.

9.4.2 Softtote Data Recovery

Softtote Data Recovery es un programa para recuperar datos perdidos por un borrado accidental, infección de virus, fallos de corriente inesperados u otros motivos. Puede recuperar datos borrados o corruptos de iPods, unidades USB, tarjetas de memoria, reproductores MP3 o MP4 y móviles.

Es compatible con los sistemas de archivo HFS+, FAT 16/32 y NTFS. La versión gratuita solo permite recuperar archivos bmp, jpg, png, tif y mp3, mientras que la versión de pago permite la recuperación de todo tipo de archivos. Al iniciar el programa lo primero será introducir la contraseña de administración como medida de seguridad para evitar el uso indebido de la aplicación. A continuación se nos presenta una ventana con las siguientes opciones:

- **File Recovery**. Permite la recuperación de archivos con un escaneo en profundidad de todos los sectores.

- **Photo Recovery**. Permite recuperar imágenes, vídeos y música que han sido borrados, son inaccesibles o cuya unidad ha sido formateada.

- **Lost Partition Recovery**. Escanea el disco duro y otras unidades de almacenamiento para buscar volúmenes perdidos o borrados, o que no se pueden montar.

Figura 9.32. Ventana inicial de Softtote Data Recovery

El primer paso será escoger la unidad o partición donde vamos a buscar los archivos perdidos, una vez realizado el escaneo se mostrarán los archivos encontrados, de los cuales podremos tener una vista previa para facilitar la selección de los archivos que deseamos recuperar. Una vez seleccionados dichos archivos, pulsaremos en **Recover**, aparecerá una ventana para seleccionar el destino de dichos archivos y se procederá a la recuperación de los mismos.

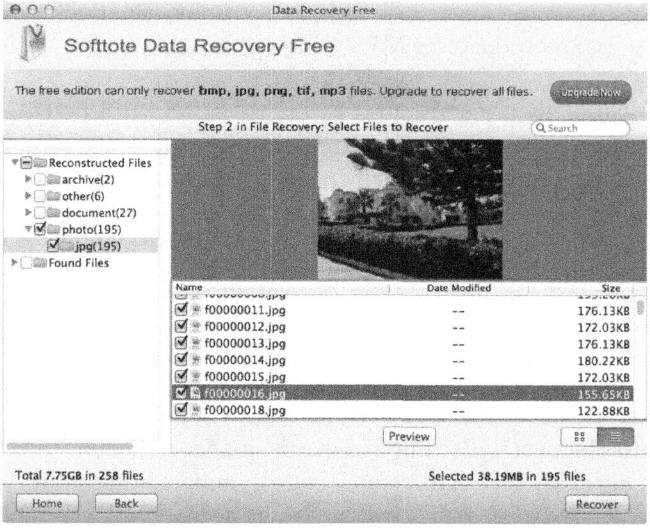

Figura 9.33. Vista previa de los archivos encontrados

9.5 SUITES OFIMÁTICAS

El complemento ideal de todo Mac es disponer de una buena *suite* ofimática para realizar documentos de texto, hojas de cálculo o presentaciones. Tenemos un amplio abanico de *suites* donde elegir que ofrecen distintas posibilidades y facilidades de uso. En este apartado veremos la iWork, la *suite* ofimática de Apple, Microsoft Office y dos *suites* derivadas del proyecto OpenOffice: NeoOffice (que es exclusivo de Mac) y LibreOffice (que tiene versiones para otros sistemas operativos).

9.5.1 iWork

Es la *suite* ofimática propia de Apple y está formada por las siguientes aplicaciones:

- **Pages** es el procesador de textos, dispone de multitud de plantillas para crear nuestros documentos, tiene su propio formato (.**pages**) y permite trabajar con otros formatos como archivos de Word o archivos RTF, y exportar a ePub o PDF.

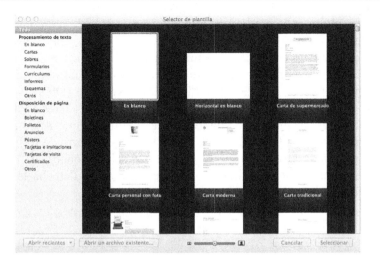

Figura 9.34. Selección de plantilla en Pages

Su aspecto es similar al de otros procesadores de texto, mostrando en la barra de herramientas iconos para el cambio de vista y para añadir diferentes elementos como esquemas, secciones, cuadros de texto, figuras, tablas o gráficas. Debajo se encuentra la barra de formato con el tipo de letra, formato del carácter o alineación de párrafo, entre otras. Al insertar un nuevo elemento aparece una nueva ventana con las propiedades de dicho elemento.

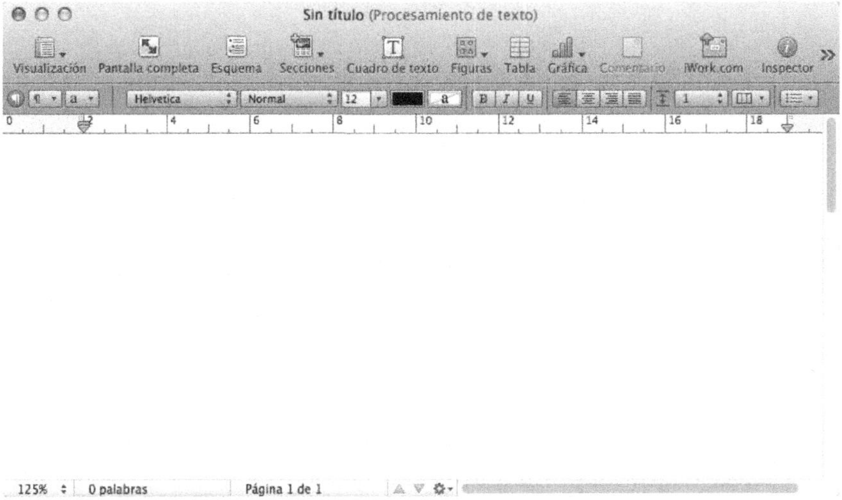

Figura 9.35. Editor de textos Pages

- **Numbers** es la hoja de cálculo, al arrancar la aplicación también ofrece la posibilidad de elegir la plantilla con la que vamos a trabajar. Su formato por defecto es **.numbers** aunque también puede trabajar con Excel y exportar a PDF, igualmente podemos importar datos que se encuentren en formato Open Financial Exchange (OFX) o CSV. En la barra de herramientas disponemos de opciones similares a Pages, aunque ahora se incluye el botón **Lista de fórmulas**, que muestra todos los cálculos de la hoja a la vez. Debajo tenemos la barra de formato, que irá cambiando en función del elemento seleccionado. A la izquierda tenemos el panel de hojas y el de estilos y a la derecha la hoja donde vamos a trabajar.

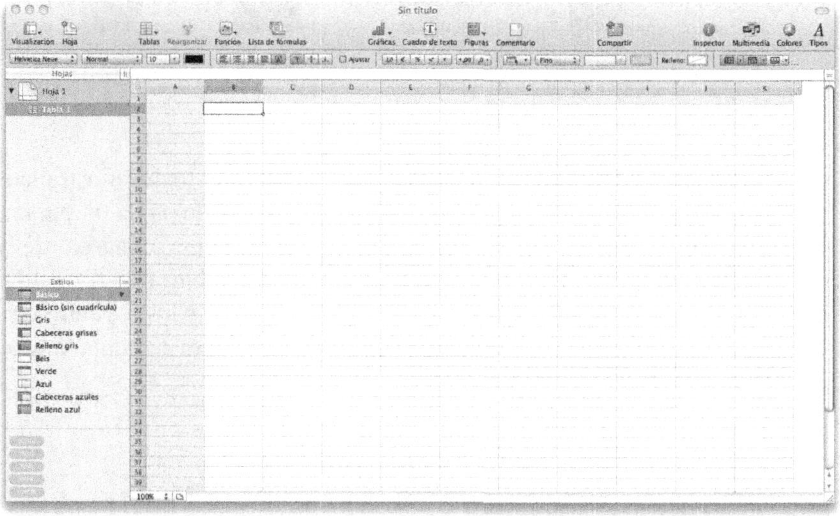

Figura 9.36. Hoja de cálculo Numbers

- **Keynote** es el editor de presentaciones, utiliza el formato **.key** aunque también puede trabajar con presentaciones de PowerPoint. Además es posible exportar las presentaciones como película de QuickTime, archivo PDF, HTML o de imagen; e incluso añadir una película a iTunes para reproducirla en iPod o subirla a Youtube. En esta aplicación lo primero que seleccionamos es el tema de la presentación y el tamaño de la diapositiva, tras lo cual pasaremos a crear una nueva presentación. Desde la barra de herramientas y de forma muy gráfica podremos seleccionar las opciones de visualización, cambiar el tema, establecer el tipo de diapositiva o insertar elementos de diversos tipos, entre otras acciones. Igual que en las anteriores aplicaciones, justo debajo se encuentra la barra de formato que nos permitirá realizar modificaciones según el objeto seleccionado. En algún caso, como al insertar tablas, aparecerá en una ventana independiente. También podremos iniciar la presentación desde la barra de herramientas.

Figura 9.37. Editor de presentaciones Keynote

9.5.2 Microsoft Office

La *suite* ofimática de Microsoft también está disponible para Mac. La edición 2011 integra el estilo *ribbon*, que ya estaba presente en las últimas ediciones de la versión para Windows, lo cual facilita su uso si hemos utilizado dichas versiones.

Además del editor de textos Word, la hoja de cálculo Excel y el editor de presentaciones PowerPoint, también incluye Outlook (gestor de correo, calendario y contactos), el programa de mensajería Messenger (aunque esta aplicación ha sido sustituida por Skype) y el cliente de conexión a escritorio remoto (para poder controlar un PC con Windows desde Mac). Pasemos a ver las tres aplicaciones principales:

- **Word**. Esta versión incorpora la opción de trabajar a pantalla completa ocultando el resto del escritorio y aplicaciones. En la cinta podemos ver las distintas herramientas agrupadas en **Inicio**, **Diseño**, **Elementos del documento**, **Tablas**, **Gráficos**, **SmartArt** y **Revisar**. La edición de imágenes también se ha mejorado con más opciones y mayor facilidad de uso.

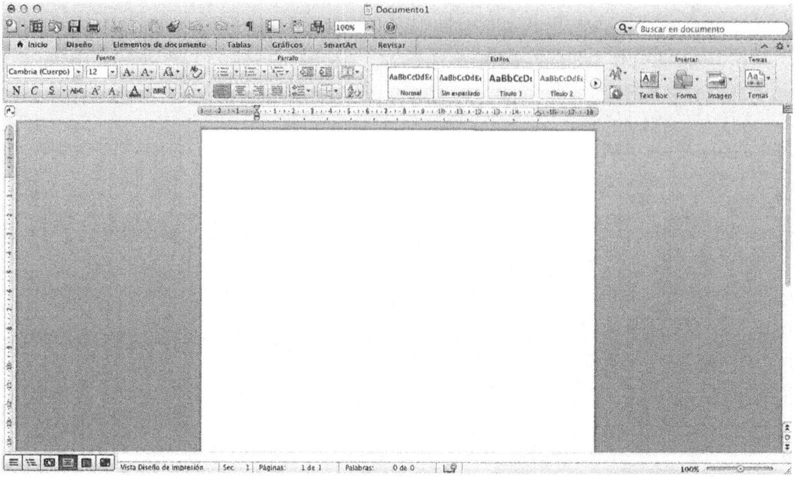

Figura 9.38. Editor de textos Word

- **Excel**. En esta ocasión la cinta está formada por **Inicio, Diseño, Tablas, Gráficos, SmartArt, Fórmulas, Datos** y **Revisar**. Precisamente el acercar las herramientas de Tablas o Gráficos ha facilitado la edición y formateo de las hojas.

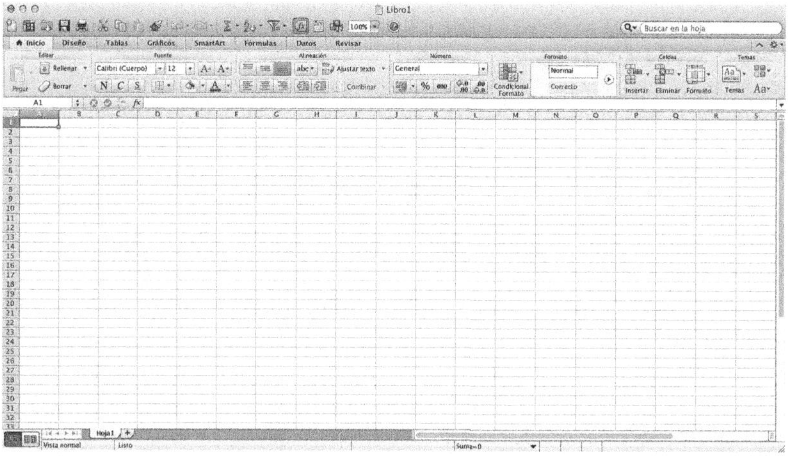

Figura 9.39. Hoja de cálculo Excel

- **PowerPoint**. Esta edición ha añadido nuevos temas que se pueden escoger de forma más sencilla, además de facilitarse la asignación de animaciones y transiciones, que es mucho más visual. También se ha agregado la **Vista del moderador**, que nos permite ensayar las presentaciones incorporando voz y comentarios escritos. En esta ocasión la cinta está organizada en **Inicio, Temas, Tablas, Gráficos, SmartArt, Transiciones, Animaciones, Presentación de diapositivas** y **Revisar**.

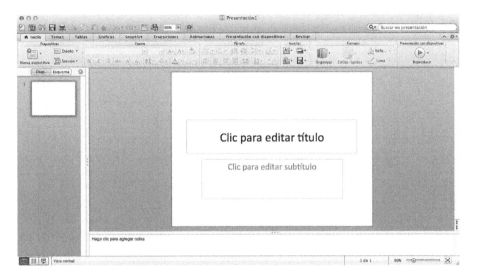

Figura 9.40. Editor de presentaciones PowerPoint

9.5.3 NeoOffice

NeoOffice es una *suite* ofimática basada en OpenOffice. Se inició en 2003 e incluye ciertos aspectos específicos de Mac como alta resolución del texto en pantalla Retina, compatibilidad con **Gatekeeper,** el uso de código **Cocoa** en lugar de Java o su perfecta integración con la barra de menús para abrirlo a pantalla completa, todo esto la convierte en una opción muy interesante. Además permite trabajar con formatos de Microsoft Office, lo cual nos permite compartir archivos con otros usuarios sin muchas complicaciones.

NeoOffice está compuesto por el procesador de textos **Writer,** la hoja de cálculo **Calc,** el editor de presentaciones Impress, el programa de dibujo **Draw,** el programa de base de datos **Base** y el editor de fórmulas **Math**. Desde el menú **NeoOffice – Abrir** al iniciar podemos escoger cuál de las anteriores se abrirá al ejecutar el programa. Veamos las aplicaciones principales:

- **Writer**. En este procesador de textos se ha conservado el estilo más clásico de las diferentes barras de herramientas (en la imagen podemos ver la **Estándar** y la de Formato), el resto aparecerán de forma flotante al insertar elementos como tablas o imágenes.

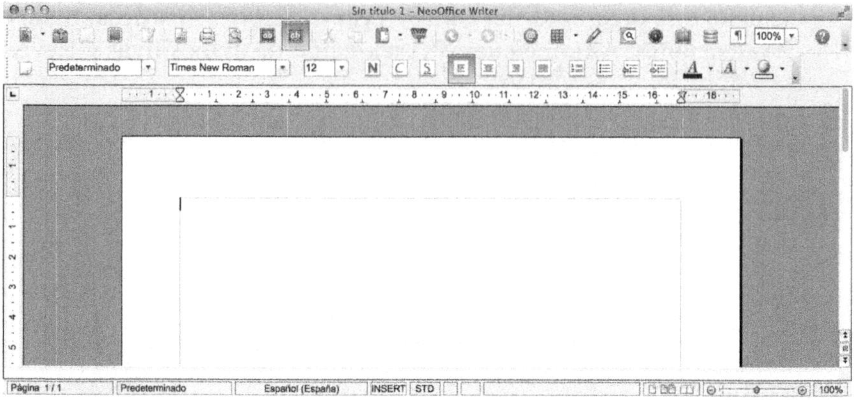

Figura 9.41. NeoOffice Writer

- **Calc**. En este caso, la barra más característica es la barra de fórmulas que muestra el nombre de la celda donde estamos situados. Nos da la posibilidad de elegir la función adecuada en el asistente de funciones y permite insertar una fórmula en la línea de entrada.

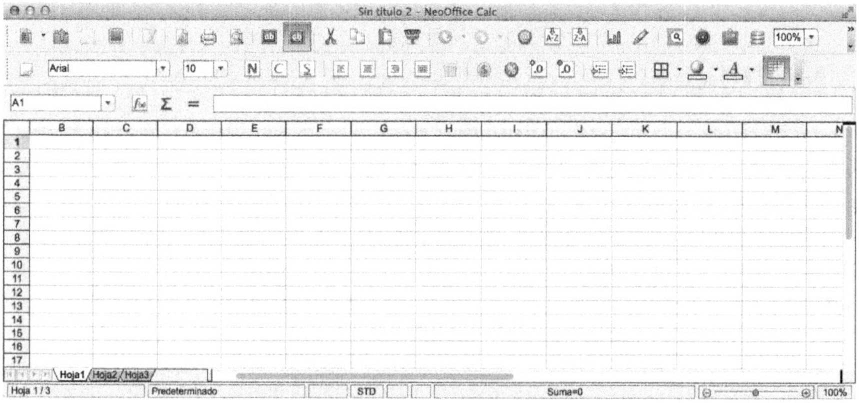

Figura 9.42. NeoOffice Calc

- **Impress**. En este editor de presentaciones tenemos tres zonas principales: el panel de diapositivas, el área de trabajo (donde podremos tener distintas vistas de las diapositivas) y el panel de tareas, desde donde podemos escoger el tema de la diapositiva (**Páginas maestras**), el diseño de la diapositiva, el diseño de la tabla, las animaciones y las transiciones.

Figura 9.43. NeoOffice Impress

9.5.4 LibreOffice

LibreOffice es una *suite* que comparte muchas similitudes con NeoOffice y al igual que ella también deriva de OpenOffice, aunque en este caso es totalmente gratuita y es un proyecto de **software libre**. Las aplicaciones que incluye son las mismas que NeoOffice y las mayores diferencias son estéticas y de funcionamiento interno.

Dispone de un repositorio de plantillas que nos ahorrarán tiempo y mejorarán la presentación de nuestros trabajos. Incluye un gestor de plantillas en la misma ventana principal de LibreOffice.

Ha introducido algunas mejoras que la diferencian de sus *suites* "hermanas", como poder girar las imágenes 90º o añadir un fondo gradiente a un marco de texto. Además, el hecho de que sea un proyecto libre hace que salgan nuevas versiones con mejoras en poco tiempo que corrigen *bugs* o realizan mejoras sugeridas por usuarios de todo el mundo. Seguramente con el paso del tiempo veremos en estas *suites* más diferencias entre ellas que harán que nos decidamos por una u otra.

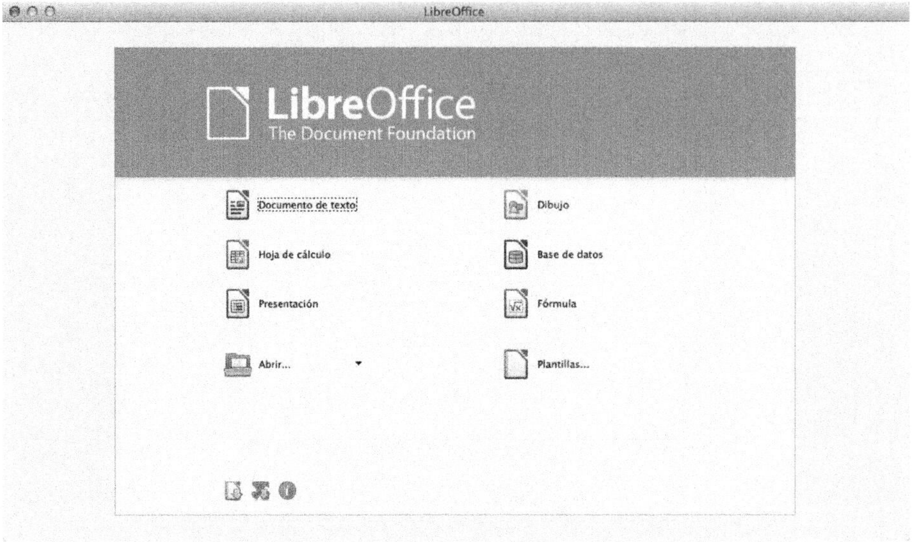

Figura 9.44. Pantalla inicial de LibreOffice

Capítulo 10

ITUNES

iTunes es mucho más que un reproductor de archivos multimedia, está diseñado para guardar y organizar dichos archivos, también es una tienda con la que podemos comprar canciones o películas, además nos permite gestionar y sincronizar otros dispositivos como iPad, iPhone o iPod.

10.1 GESTIONA TU MÚSICA

Desde iTunes podemos manejar toda la música de la que dispongamos, tanto la que descarguemos a través de iTunes Store como la que importemos de nuestros CD de audio. Podremos crear listas de reproducción con nuestras canciones favoritas.

10.1.1 Importar música desde CD de audio

Para añadir canciones desde nuestros CD de audio, basta con introducir el CD en la unidad del ordenador y abrir iTunes, si el ordenador está conectado a Internet recopilará información sobre las canciones, el disco y el artista. En caso de que haya más de una coincidencia nos las mostrará para que elijamos la que coincida con nuestro disco. A continuación aparece un cuadro de diálogo preguntando si queremos importar el contenido del CD a la biblioteca de iTunes, al hacer clic en **Sí** se iniciará el proceso de importación. Automáticamente reconoce el título de las canciones, duración, artista y álbum al que pertenece. Además lo clasifica según el género al que pertenece.

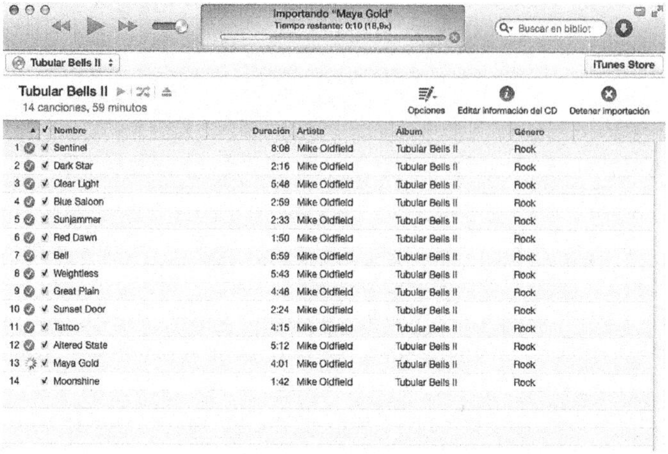

Figura 10.1. Importando un disco desde iTunes

Si solo queremos importar algunas canciones, o queremos realizar la importación más adelante, pulsaremos en **No** y posteriormente desmarcaremos las canciones que no queramos importar. Para realizar la importación manual hacemos clic en el botón **Importar CD** situado en la parte superior izquierda. En este caso nos aparecerá una ventana de **Ajustes de importación** en la que podemos cambiar la codificación y el tipo de ajuste, en el apartado **Detalles** veremos las características de los ficheros de audio que se van a crear. Además tiene una opción para usar corrección de errores en la lectura del CD para el caso en que haya problemas con la calidad del disco, en esta situación se reduce la velocidad de importación.

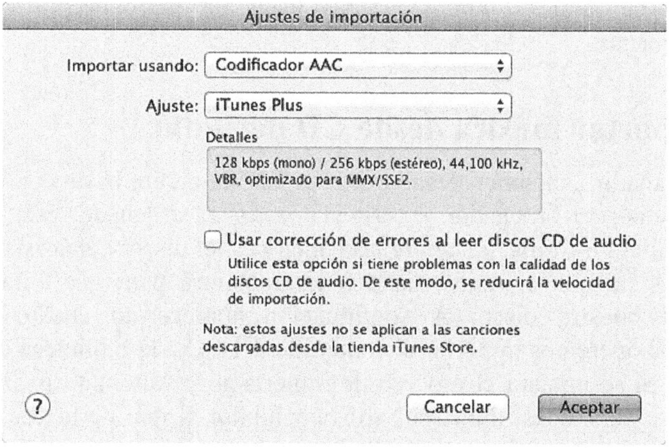

Figura 10.2. Ajustes de importación

10.1.2 Listas de reproducción

Las **Listas de reproducción** permiten tener a nuestra disposición listas de canciones seleccionadas por nuestras preferencias, gustos musicales o recuerdos de una época de nuestra vida. En definitiva, nos facilitan la reproducción en un orden concreto de nuestras canciones.

Para crear una lista de reproducción accedemos a la barra de menús **Archivo – Nueva – Lista de reproducción**.

A continuación se abrirá un panel a la derecha donde podemos escribir un nombre para nuestra lista e ir arrastrando las canciones, álbumes o artistas.

Figura 10.3. Arrastrando una canción a la lista de reproducción

Una vez hayamos terminado de añadir canciones pulsaremos en **Aceptar** para finalizar. Si posteriormente queremos añadir más canciones bastará con seleccionar **Listas de reproducción** en la barra superior, seleccionar la lista de reproducción deseada y pulsar en el botón **Añadir** situado en la parte superior derecha.

Figura 10.4. Lista de reproducción creada

También es posible crear listas inteligentes que se crearán de forma automática a partir de unas especificaciones que nosotros introduciremos. Para ello seleccionamos en la barra de menús la opción **Archivo – Nuevo – Lista inteligente**. En la siguiente ventana establecemos las reglas que se van a seguir en cuanto a género, artista, puntuación, etc. (hay un amplio abanico de posibilidades). Podemos añadir cuantas reglas necesitemos. Otra opción es limitar el número de ítems, la duración (en horas o minutos) o el tamaño (en MB o GB) y el criterio de selección. La opción **Sólo los ítems seleccionados** sirve para incluir las canciones que tengan la marca de selección activada. Si marcamos **Actualizar en tiempo real**, la lista irá cambiando al añadir nuevas canciones o al cumplir una nueva canción los criterios establecidos.

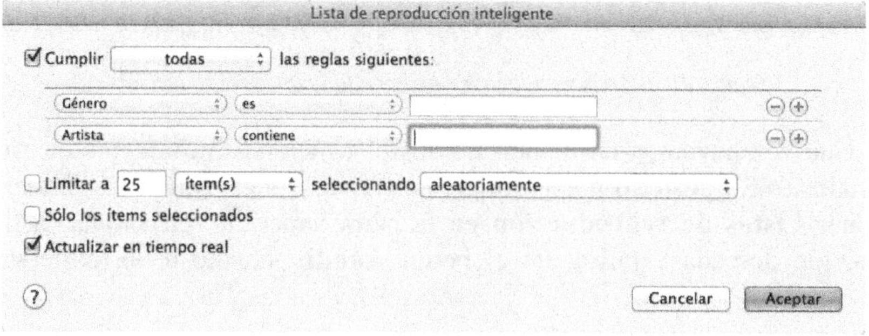

Figura 10.5. Creando una lista inteligente

Existen listas de reproducción inteligentes ya definidas en iTunes, como **Añadidas recientemente**, **Las 25 más escuchadas** o **Reproducciones recientes**.

Las listas de reproducción inteligentes se identifican porque tienen junto a ellas un icono característico similar a una rueda dentada.

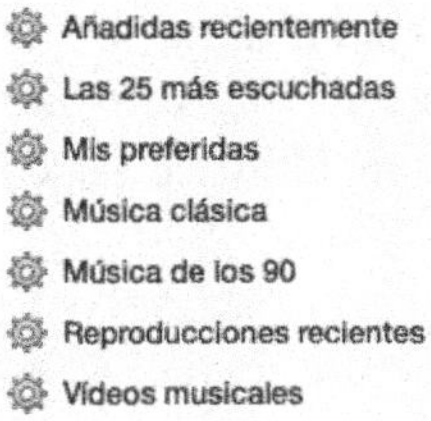

⚙ Añadidas recientemente
⚙ Las 25 más escuchadas
⚙ Mis preferidas
⚙ Música clásica
⚙ Música de los 90
⚙ Reproducciones recientes
⚙ Vídeos musicales

Figura 10.6. Listas inteligentes preconfiguradas

Para modificar una lista inteligente seleccionamos la lista dentro de **Listas de reproducción** y pulsamos en **Edición**. Aparece la misma ventana que configuramos al crear la lista y podremos cambiar las reglas u otras opciones.

Otra forma de crear listas de forma automática es a través de **Genius**. **Genius** crea listas de reproducción con canciones de nuestra biblioteca que combinan entre sí. Para ello la primera acción será activar **Genius**, la activación es necesaria pues se envía información sobre nuestra biblioteca a Apple (de forma anónima) y es necesario nuestro ID de Apple y dar nuestra autorización.

Para activar **Genius** seleccionamos en la barra de menús **Store** – **Activar Genius** o directamente en **Listas de reproducción** seleccionamos **Genius**. En la parte inferior del panel derecho de Genius aparece el botón **Activar**, que pulsaremos para iniciar el proceso.

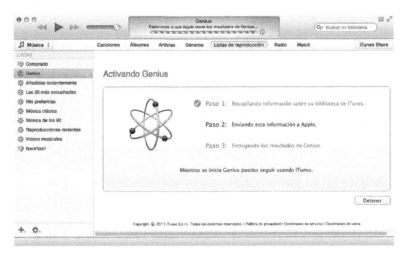

Figura 10.7. Activando Genius

Una vez finalizado el proceso de activación pasamos a crear la lista, para ello bastará con seleccionar una canción y en el menú contextual pulsar en **Crear lista Genius**, automáticamente creará una lista con las canciones que combinan mejor con la canción seleccionada. Esta lista se podrá actualizar de forma automática con nuevas canciones de nuestra biblioteca, para ello pulsaremos el botón **Actualizar**. Las listas Genius también poseen un icono característico similar a un átomo.

Figura 10.8. Ejemplo de lista Genius

10.2 PREFERENCIAS DE ITUNES

Accedemos a las preferencias de iTunes desde la barra de menús **iTunes – Preferencias**, aparece una ventana con los siguientes apartados:

- **General**. Desde aquí podemos cambiar el nombre de nuestra biblioteca, elegir qué elementos se van a mostrar, establecer diferentes opciones de visualización, especificar las acciones a realizar al insertar un CD y activar la búsqueda de actualizaciones de forma automática.

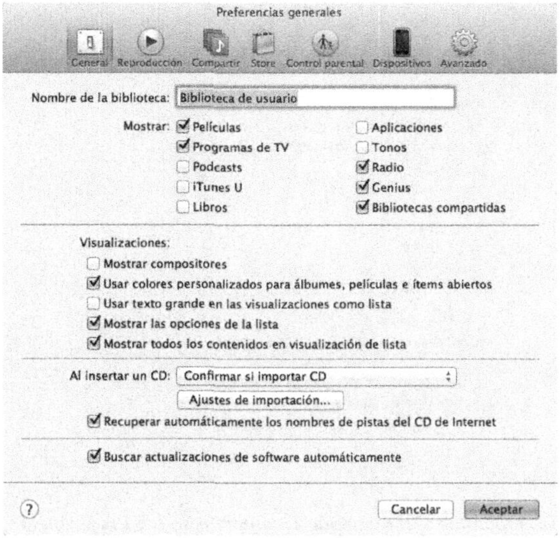

Figura 10.9. Opciones del apartado General de las Preferencias de iTunes

- **Reproducción**. En este apartado podemos ajustar las preferencias de sonido, como la posibilidad de fundir canciones, y de vídeo, como el idioma del audio o de los subtítulos, o la calidad del vídeo.

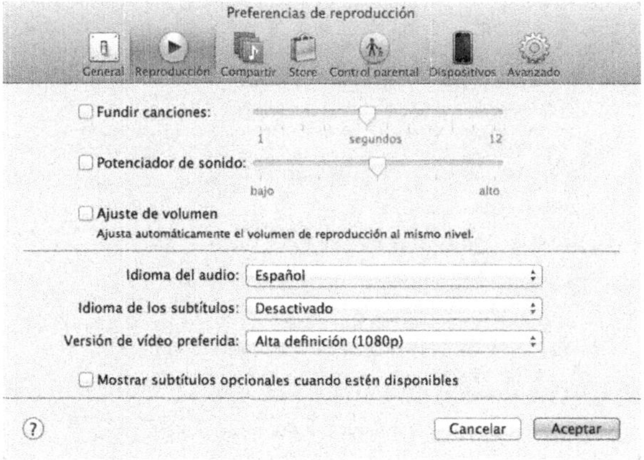

Figura 10.10. Opciones del apartado Reproducción de las Preferencias de iTunes

- **Compartir**. Aquí establecemos si vamos a compartir nuestra biblioteca dentro de la red local, y, dentro de ella, qué listas vamos a compartir. También permite establecer una contraseña.

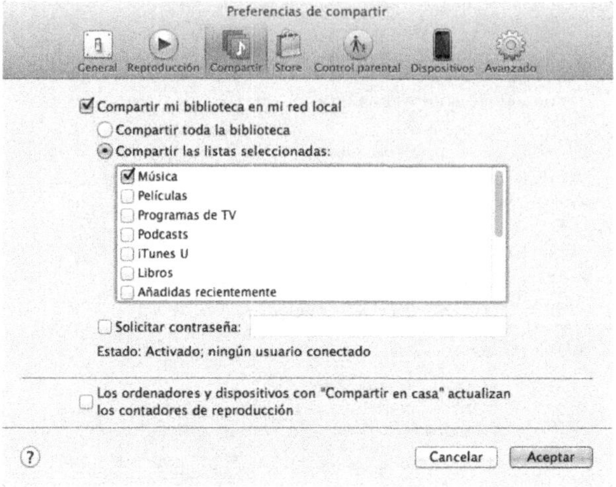

Figura 10.11. Opciones del apartado Compartir de las Preferencias de iTunes

- **Store**. En este apartado se establecen las preferencias de iTunes Store, aspectos como descargar automáticamente las compras realizadas desde otros dispositivos o sincronizar la información de reproducción entre dispositivos son muy interesantes.

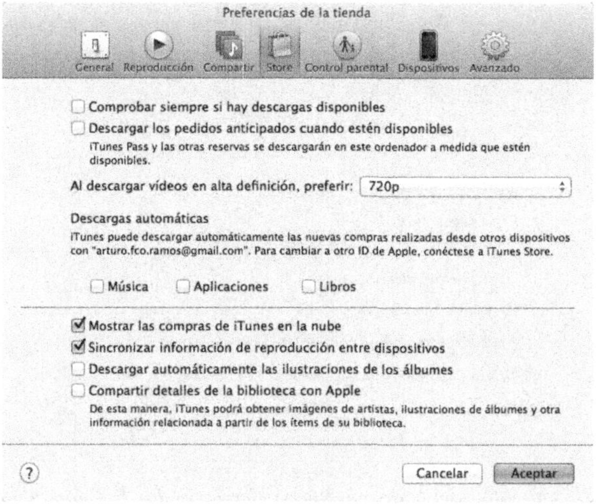

Figura 10.12. Opciones del apartado Store de las Preferencias de iTunes

- **Control parental**. Este apartado nos permite desactivar algunos de los bloques de iTunes, establecer la calificación de contenidos y limitar la edad para ciertos contenidos.

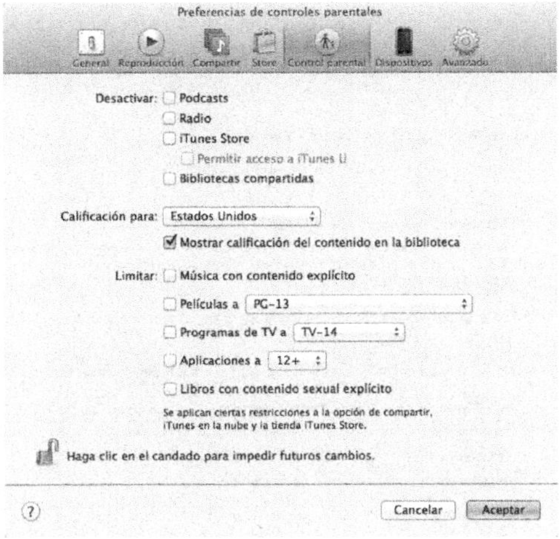

Figura 10.13. Opciones del apartado Control parental de las Preferencias de iTunes

- **Dispositivos**. Aquí aparecerán las copias de seguridad realizadas a otros dispositivos conectados a nuestro Mac. Podemos bloquear la sincronización automática y permitir el control del audio de iTunes desde altavoces remotos.

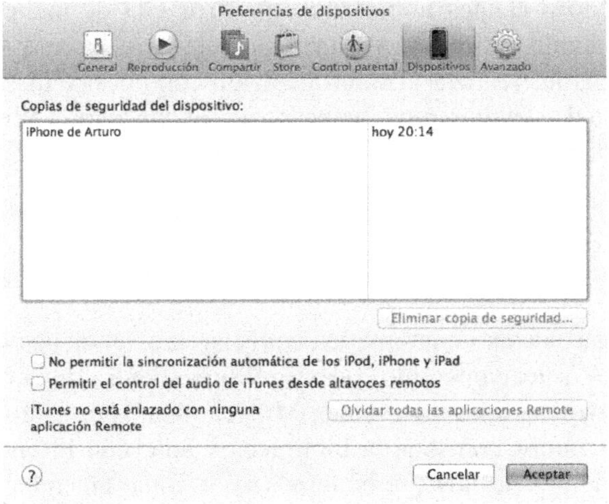

Figura 10.14. Opciones del apartado Dispositivos de las Preferencias de iTunes

- **Avanzado**. Aquí podremos organizar los contenidos de iTunes, que por defecto están ubicados en la carpeta iTunes Media, reiniciar la caché de iTunes Store o establecer que los reproductores, tanto de música como de vídeo, estén por encima de las demás ventanas.

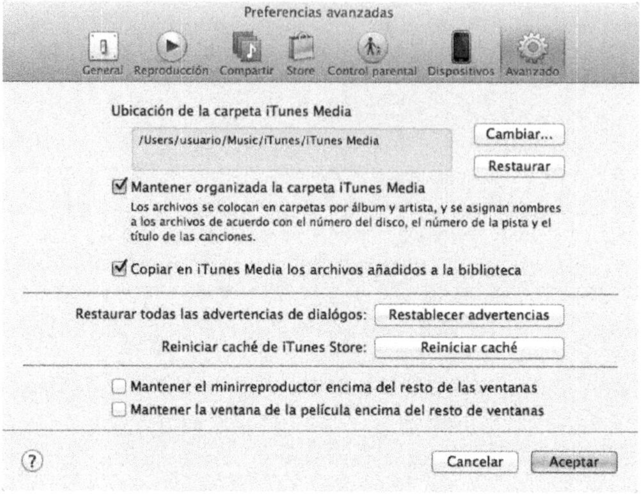

Figura 10.15. Opciones del apartado Avanzado de las Preferencias de iTunes

10.3 COPIANDO MÚSICA AL IPOD, IPHONE O IPAD

Para añadir música a nuestro iPod, iPhone o iPad previamente tendremos que haberla añadido a iTunes importando nuestros CD de audio o incorporando música que ya teníamos en el disco duro (por ejemplo, la adquirida a través de iTunes Store). Podemos realizar la sincronización con nuestro dispositivo de forma automática o manual. Detallaremos los pasos a realizar para el iPhone ya que para el resto de dispositivos es similar.

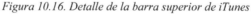

Figura 10.16. Detalle de la barra superior de iTunes

Para la sincronización automática conectaremos el dispositivo al ordenador y abriremos iTunes, seleccionaremos nuestro iPhone dentro de la barra de iTunes y ya dentro del dispositivo seleccionaremos **Música**, dentro de esta ventana podemos escoger si sincronizamos con toda la biblioteca o solo con lo que seleccionemos. Dentro de los elementos por los que podemos seleccionar tenemos:

- Listas de reproducción.

- Artistas.

- Álbumes.

- Género.

Antes de iniciar el proceso debemos asegurarnos de que tenemos espacio suficiente en nuestro dispositivo; para ello podemos consultar la imagen inferior, que nos proporciona dicha información.

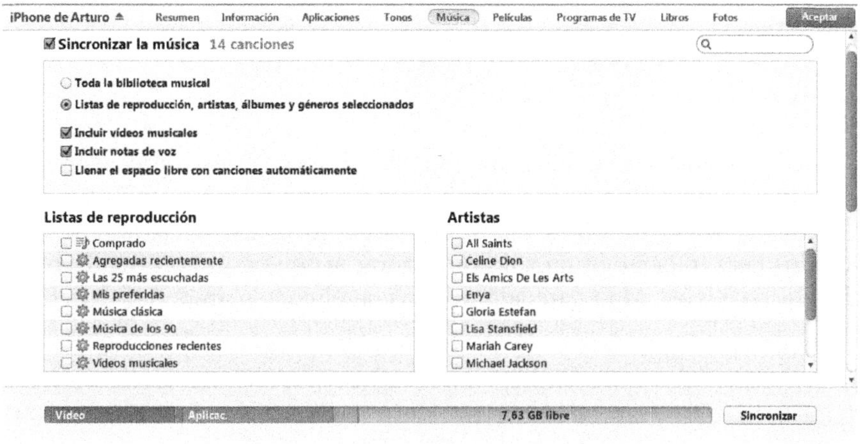

Figura 10.17. Detalle de la sincronización de música en un iPhone

Pulsamos en **Sincronizar** y comenzará el proceso, durante el cual se nos advierte que no desconectemos el dispositivo. Finalizado el mismo, se mostrará un mensaje notificando que podemos desconectarlo.

Advertencia

No es posible sincronizar automáticamente iPod, iPhone o iPad con varios ordenadores. Si continuamos con el proceso corremos el riesgo de perder la información de nuestro dispositivo.

El iPhone "iPhone de Arturo" está sincronizado con otra biblioteca de iTunes. ¿Desea borrar el contenido del iPhone y sincronizarlo con esta biblioteca de iTunes?

Un iPhone sólo puede sincronizarse con una biblioteca de iTunes a la vez. El borrado y sincronización sustituyen el contenido de este iPhone por el de esta biblioteca de iTunes.

Cancelar   Borrar y sincronizar

Figura 10.18. Advertencia de iTunes ante la sincronización con un dispositivo que está sincronizado con otra biblioteca

Si queremos una gestión manual de la música, debemos conectar nuestro dispositivo y seleccionarlo en la barra superior. Una vez dentro pulsamos en el botón de **Resumen** y dentro del bloque de opciones marcamos **Gestionar la música y los vídeos manualmente**.

Consejo

Si quieres añadir contenidos multimedia desde varios ordenadores a tu dispositivo, activa la gestión manual, así preservarás los archivos que se almacenan en tus dispositivos. Pero, ¡ojo!, tanto iPod shuffle como iPhone están diseñados para trabajar en un solo ordenador, así que esto no es aplicable para dichos dispositivos. Algo parecido ocurre con el contenido de vídeo del iPod e iPad.

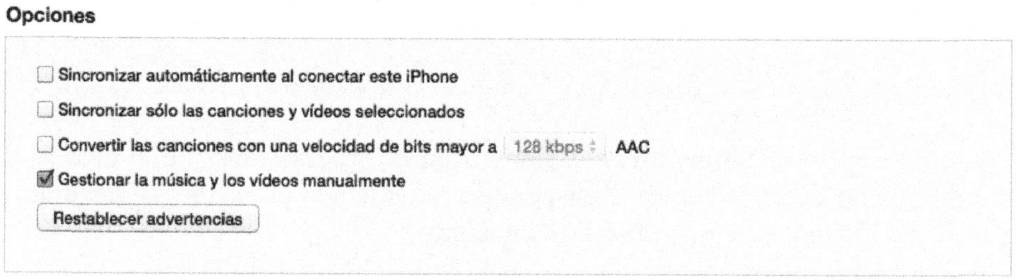

Opciones

☐ Sincronizar automáticamente al conectar este iPhone
☐ Sincronizar sólo las canciones y vídeos seleccionados
☐ Convertir las canciones con una velocidad de bits mayor a   128 kbps ⬦   AAC
☑ Gestionar la música y los vídeos manualmente
[Restablecer advertencias]

Figura 10.19. Activación de la gestión manual de nuestro dispositivo

Pulsamos en **Activar** y ya podremos gestionar manualmente nuestro dispositivo, esto implica que podremos añadir álbumes, canciones o vídeos sin más que arrastrarlos sobre el símbolo de nuestro dispositivo en la barra superior, en ese momento aparecerá un panel en la derecha donde al situarnos sobre el dispositivo se añadirá al mismo.

Figura 10.20. Agregando música manualmente a un iPhone

Existe otra forma de añadir música de forma manual, para ello accedemos al dispositivo desde iTunes y pulsamos en el menú superior en el botón **En este iPhone** (igualmente para iPod o iPad), desde aquí podemos ver el contenido multimedia de nuestro dispositivo, al haber activado la gestión manual aparecerá en la parte superior derecha de la ventana la opción de **Añadir**.

Figura 10.21. Ahora aparece la opción Añadir en la pantalla de En este iPhone

Al pulsar en **Añadir** volveremos a la pantalla que muestra los contenidos multimedia almacenados en nuestro iTunes, pero ahora se añadirá un panel a la derecha mostrando nuestro dispositivo, el espacio libre y las diferentes bibliotecas, en este caso debemos arrastrar el álbum, canción u otro contenido multimedia sobre la biblioteca para que se produzca la transferencia.

Figura 10.22. Añadiendo una canción de forma manual al iPhone

10.4 RECUPERA MÚSICA DE TU IPOD, IPHONE O IPAD

Desde nuestro dispositivo móvil podemos realizar compras utilizando la iTunes Store y nuestro ID de Apple y disfrutarlas directamente en él. No obstante, siempre es interesante disponer de toda la música en nuestro Mac para organizarla, crear listas de reproducción de forma más cómoda o, simplemente, por seguridad.

Figura 10.23. Descargando canciones en el iPhone

Una forma de añadir la música adquirida a través de la iTunes Store —si la compra se ha realizado desde el dispositivo— es acceder a la barra de menús de iTunes y desde allí pulsar en **Dispositivos – Transferir compras**, esto sirve tanto para contenido multimedia como para aplicaciones, y permitirá añadir dicho contenido a la biblioteca de iTunes.

Dispositivos ▶	Sincronizar "iPhone de Arturo"
Compartir en casa ▶	Transferir compras de "iPhone de Arturo"
Abrir secuencia... ⌘U	Guardar copia de seguridad
Suscribirse a un podcast...	Restaurar copia de seguridad...

Figura 10.24. Opción de Menú para transferir las compras realizadas en el iPhone

También es posible acceder a esta opción si tenemos activada la barra lateral (se activa desde **Visualización – Mostrar barra lateral**) y pulsamos **Control + clic**, aparece un menú contextual donde podremos elegir **Transferir compras**.

Expulsar

Sincronizar
Transferir compras
Guardar copia de seguridad
Restaurar copia de seguridad...

Restablecer advertencias

Número de serie de la copia

Figura 10.25. Menú contextual del dispositvo

La transferencia de los contenidos comprados en iTunes Store también se realiza cuando hacemos una sincronización automática de nuestro dispositivo. Al realizar la transferencia de compras por primera vez aparecerá una ventana en la cual se nos informa de la posibilidad de activar las descargas automáticas. Esta ventana nos lleva al apartado Store de las preferencias de iTunes, que ya comentamos en un apartado anterior.

Otra opción es utilizar iTunes Match, que permite almacenar las canciones en iCloud, tanto las compradas en iTunes Store como las importadas de CD, con lo que tendremos actualizada nuestra biblioteca de música en todos nuestros dispositivos.

10.5 TETHERING CON EL IPHONE-IPAD

Es posible utilizar el iPhone o el iPad como si de un módem USB se tratara, es lo que se conoce como **Compartir Internet** o **Tethering**. Esta opción se puede realizar a través de USB, Bluetooth o Wi-Fi. En ordenadores PC es necesario tener instalado iTunes 9.2 o posterior.

Para activar esta opción en nuestro iPhone o iPad accederemos a **Ajustes**, aquí buscaremos la opción **Compartir Internet**, por defecto establecida a **No** (en las primeras versiones de iOS se encontraba en **Ajustes – General – Red**).

Figura 10.26. Compartir Internet dentro de Ajustes en un iPad

Al pulsar en **Compartir Internet** accederemos desde otra pantalla desde la que activaremos dicha opción, al activarla nos da la opción de activar Wi-Fi y Bluetooth si no están activados (por ello el mensaje varía dependiendo de los componentes activados) o realizarlo solo a través de USB.

Figura 10.27. Mensajes mostrados al activar Compartir Internet

Podemos establecer una contraseña que usarán los usuarios que se conecten a través de nuestro dispositivo utilizando Wi-Fi.

Figura 10.28. Pantalla para activar Compartir Internet en un iPad

En nuestro Mac aparecerá una nueva conexión de red, observa en la imagen cómo en este caso el iPhone asigna una dirección usando DHCP.

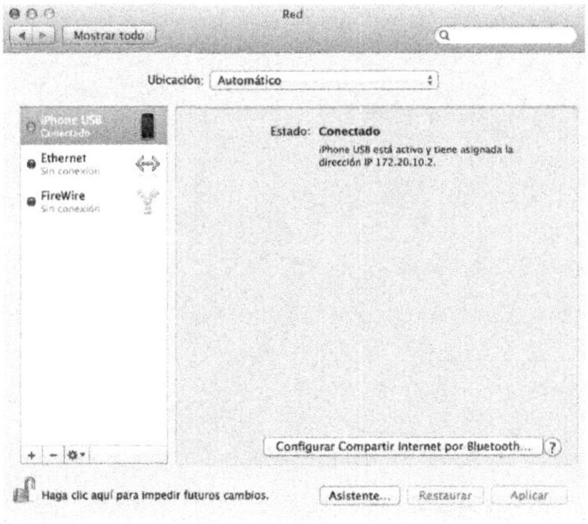

Figura 10.29. Conexión de red a través del iPhone

Advertencia

El uso del *tethering* puede suponer un incremento en los gastos de tu teléfono móvil, consulta a tu servicio de telefonía si esta opción está disponible con tu tarifa habitual.

Capítulo 11

HARDWARE MAC

En este capítulo se comentarán algunos de los dispositivos Apple o su tecnología. Más que describir dispositivos muy comunes como el iPhone, iPad o MacBook veremos tecnología y dispositivos con los que pueden interactuar los Macs ampliando así sus posibilidades.

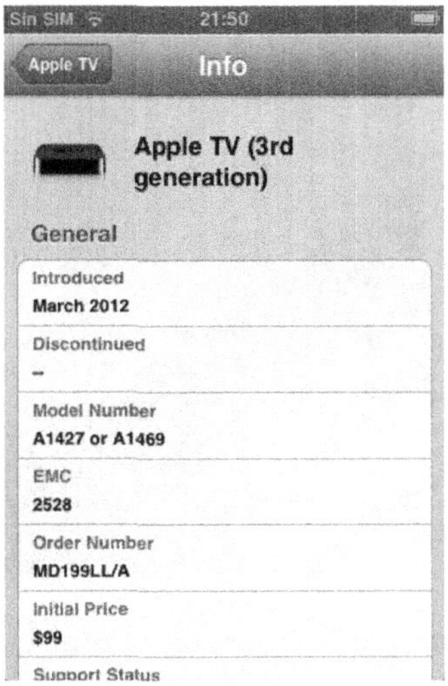

Figura 11.1. Mactracker

Mactracker es una *app* para iPhone con una base de datos de dispositivos Apple con la cual se pueden conocer todas las características de los distintos modelos y dispositivos Apple.

11.1 LAS PANTALLAS DE RETINA (RETINA DISPLAY)

La resolución de una pantalla o una imagen indica el detalle de la misma. Una pantalla con más resolución implica que las imágenes pueden visualizarse con más nitidez, detalle y calidad visual. Por ejemplo, un MacBook Pro de 13,3 pulgadas con pantalla de retina tiene una resolución nativa de 2.560 por 1.600, eso quiere decir que la pantalla tendría 2.560 columnas de píxeles por 1.600 filas de píxeles. Si multiplicamos ambas cifras nos daría el número de píxeles por pantalla, que en este caso superaría los 4 millones.

Figura 11.2. Pantalla de retina (retina display) de un iPad. Cortesía de Zhao (Kodomut)

La pantalla de retina (o *retina display*) es una tecnología que se ha afianzado en los productos Apple (iPhone, iPad o MacBook entre otros) en 2012. Básicamente, esta tecnología implica una mayor densidad de píxeles por unidad de espacio. Esto quiere decir que en una pantalla de igual tamaño, las imágenes estarán representadas por un mayor número de píxeles, con lo cual las resoluciones de pantalla serán superiores (por ejemplo en el iPad pasan de 1.024 × 768 a 2.048 × 1.536 lo que implica el cuádruple de píxeles de las pantallas anteriores). A mayor resolución, las imágenes mejoran, dado que es imposible apreciar la existencia de píxeles y el detalle de la imagen tiene más calidad.

La tecnología de pantalla de retina no es ni más ni menos que la tecnología IPS (*in plane switching*) de muchos dispositivos actuales, la cual hace que las pantallas tengan menos brillo en la superficie, más resolución y un ángulo de visión mejor.

11.2 EL PUERTO THUNDERBOLT

Figura 11.3. Puerto Thunderbolt de un MacBook

Thunderbolt es un puerto de comunicaciones —como el USB— que poseen los MacBook Pro, Air, iMac y Mac Mini, y sirve para transmitir datos, audio y vídeo. Al igual que el puerto USB, el puerto Thunderbolt ha sido inventado por Intel y la diferencia con otros tipos de puertos, como los USB 3.0 o 2.0, radica en que la conexión es óptica; es decir, la información se transmite mediante pulsos de luz en vez de mediante pulsos eléctricos. Al ser una conexión óptica, la velocidad de esta interfaz se multiplica. Aparte de esto, la conexión sigue haciéndose con un cable, como en cualquier dispositivo USB.

Al puerto Thunderbolt en principio se puede conectar cualquier periférico. No obstante, este puerto está diseñado para dispositivos que requieran transmitir muchos datos y a gran velocidad, como discos duros externos para hacer copias de seguridad, monitores de alta definición, etc.

Una de las ventajas de Thunderbolt es que se pueden conectar hasta seis dispositivos en cadena. Como se puede ver en la imagen siguiente, se podría conectar un equipo a una televisión y la televisión a su vez a otro dispositivo —como un disco duro—, y acceder desde el ordenador al disco duro sin estar conectado directamente.

Figura 11.4. Conexión en cadena Thunderbolt

En cuanto a la velocidad, se puede observar que llega a ser 20 veces más rápido que un puerto USB 2.0 y 4 veces más rápido que un puerto USB 3.0, al trabajar el Thunderbolt con dos canales. Además, tiene la ventaja de que se pueden conectar varios dispositivos a la vez sin necesidad de un *hub* o concentrador y sin reducir el rendimiento máximo.

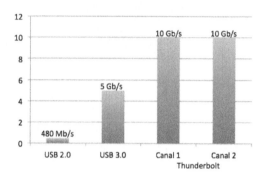

Figura 11.5. Rendimiento del puerto Thunderbolt

11.3 THUNDERBOLT DISPLAY

Figura 11.6. Thunderbolt display

Thunderbolt display no es solamente un monitor. Como ya se ha explicado, este monitor, gracias a la tecnología Thunderbolt, permite conectar dispositivos en cadena. Para ello dispone en la parte trasera de puertos USB, Firewire y Gigabit Ethernet, además de Thunderbolt.

Este monitor está pensado para conectar equipos más pequeños (como MacBook Air) y trabajar de una forma más cómoda con ellos. Además dispone de conector MagSafe para poder cargar el MacBook si es preciso.

Incorpora también cámara FaceTime Hd, altavoces y micrófono.

11.4 APPLE TV

Figura 11.7. Apple TV. Cortesía de Ryuichi Ikeda

Apple TV es un dispositivo para poder visualizar el contenido de iTunes o YouTube, entre otros, en un televisor con una definición de hasta 1.080p.

Actualmente, el último modelo de Apple TV es el Apple TV-3, cuyas diferencias con su predecesor (aunque externamente son prácticamente iguales) son la compatibilidad con contenido 1.080p (alta definición) y la mejora del procesador interno (Apple A5), con lo cual se logran mejoras del rendimiento y la definición de las imágenes.

Aunque el Apple TV tiene una memoria flash de 8GB, no dispone de disco duro. Eso quiere decir que no se pueden almacenar películas ni contenido multimedia en él.

El Apple TV es un equipo receptor de AirPlay. Eso quiere decir que cualquier equipo emisor de AirPlay, como un iPhone 3GS o superior, iPad, iPod touch de segunda generación o superior, o un Mac con iTunes 10.2 o superior pueden convertirse en emisores de AirPlay.

11.4.1 Conexiones del Apple TV

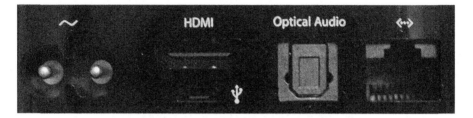

Figura 11.8. Conexiones del Apple TV. Cortesía de Ryuichi Ikeda

De izquierda a derecha:

- Conexión eléctrica.

- Conector HDMI para conectar directamente al televisor.

- Tiene puerto micro-USB para el servicio técnico o para hacer *jailbreak* (piratear/liberar el Apple TV).

- Conexión de audio óptica para conectarlo al *home cinema* u otro dispositivo de música para poder así disfrutar de música con la máxima calidad.

- Puerto Ethernet para conectar el Apple TV a la red doméstica (conectándolo al *router*).

- Además dispone de conexión Wi-Fi para conectar el Apple TV con la red doméstica si no podemos o queremos conectarlo directamente al *router*.

Para comenzar a trabajar con el Apple TV basta con conectarlo a la corriente eléctrica y a la televisión mediante un cable HDMI.

11.4.2 El mando a distancia

Figura 11.9. Mando a distancia de Apple Remote. Cortesía de Adrian Korte

El Apple TV se controla a través del mando a distancia. Mediante este mando es posible reproducir contenido, mostrar el menú y navegar a través de él.

Figura 11.10. Icono de la aplicación Remote App

Además del mando a distancia, también los dispositivos iOS (iPhone, iPad o iPod touch) con la aplicación Remote instalada se pueden convertir en un mando a distancia.

11.4.3 Las aplicaciones nativas del Apple TV

Figura 11.11. Aplicaciones en el Apple TV

Uno de los puntos fuertes del Apple TV son las aplicaciones nativas disponibles. A medida que evolucione este aparato, la interfaz irá mejorando.

Se comentan a continuación las más útiles:

- **Movies** (películas). Con esta aplicación es posible alquilar películas. Hay que recordar que con el Apple TV-2 solamente se podrán ver películas como mucho en 720p y con el Apple TV-3 en 1.080p. Alquilar películas en alta definición es más caro que alquilar en baja definición. Esta aplicación permite también ver los tráilers de las películas antes de alquilar. Las películas se ven en *streaming*, con lo cual el contenido no se reproduce al instante, sino que hay que esperar un lapso de tiempo antes de poder visualizarlo. Esta espera es necesaria porque el dispositivo está almacenando el contenido por adelantado para evitar cortes durante la reproducción. Es posible reproducir películas sin problemas con la mayoría de las conexiones ADSL. Aunque se dispone de un período de un mes para ver las películas alquiladas, una vez comenzada la reproducción se dispone solamente de 24 horas para terminar de verlas.

- **TV Shows** (series). No disponible en España. Todas las series disponibles son estadounidenses.

- **Music** (música). Esta *app* permite reproducir el contenido multimedia que se tenga en iTunes Match. iTunes Match es un servicio de suscripción (servicio de pago) que permite tener contenido multimedia en iCloud y disponer de él en cualquier dispositivo Apple a través de Internet.

- **Computers** (ordenadores). Con esta *app* se pueden ver fotos que haya en iPhoto (para ello se necesita un Mac), también se puede reproducir el contenido disponible en iTunes. Hay que tener en cuenta que iTunes no reproduce formatos divx o mkv, por lo tanto para convertirlo a formato mp4, m4v o mov que entienda iTunes será preciso convertirlo con Handbreak (*http://handbrake.es/*) u otra herramienta similar.

- **Netflix**. Netflix es un servicio de videoclub *online* muy utilizado en Estados Unidos, Reino Unido o Irlanda debido a la gran cantidad de películas disponibles y a lo barato del servicio. Es posible ver películas o series pagando una suscripción mensual. En España todavía no está disponible.

- **Trailers**. Esta *app* permite ver tráilers de las películas que próximamente van a salir en los cines (no las que podemos alquilar en la *app* de películas).

- **YouTube**. Aunque esta *app* no es tan completa como la página web, se pueden realizar todas las funciones básicas, como ver los canales suscritos, realizar búsquedas de vídeos, etc.

- **Vimeo**. Vimeo es un sistema similar a YouTube, pero no tan popular.

- **Podcast**. Todos los *podcasts* disponibles en iTunes podrán escucharse a través del Apple TV.

11.5 AIRPORT EXPRESS

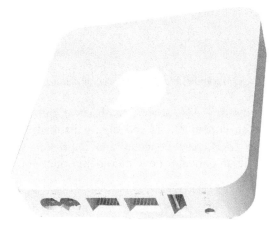

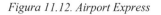

Figura 11.12. Airport Express

Airport Express es un dispositivo que puede actuar como *router* (para compartir la conexión a Internet), servidor de impresión, *streamer* de música, etc.

Airport Express se puede utilizar para ampliar el alcance de una red WDS (*wireless distribution system*) que esté alojada en otra estación Airport Express o Airport Extreme. Esto quiere decir que tenemos una estación Airport Express o Airport Extreme conectada a Internet y otra estación Airport Express conectada a ella mediante WDS. De esta manera, cualquier dispositivo puede conectarse a cualquier estación permitiendo de ese modo ampliar el alcance de la señal.

11.5.1 Conectividad del Airport Express

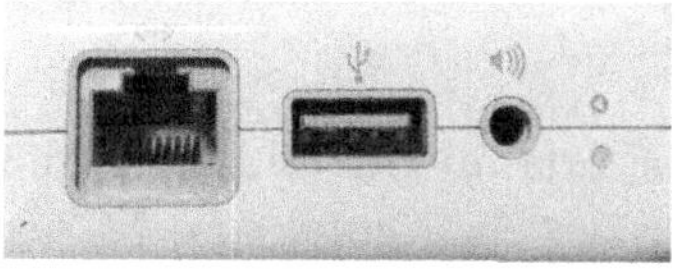

Figura 11.13. Conexiones del Airport Express (primera generación). Cortesía de Daiji Hirata

Como puede observarse, la diferencia de conexiones entre los distintos Airport Express no ha cambiado mucho. En el nuevo Airport Express aparece el puerto WAN, que es el que permite conectarse por cable al *router* ADSL u otro medio de conexión a Internet.

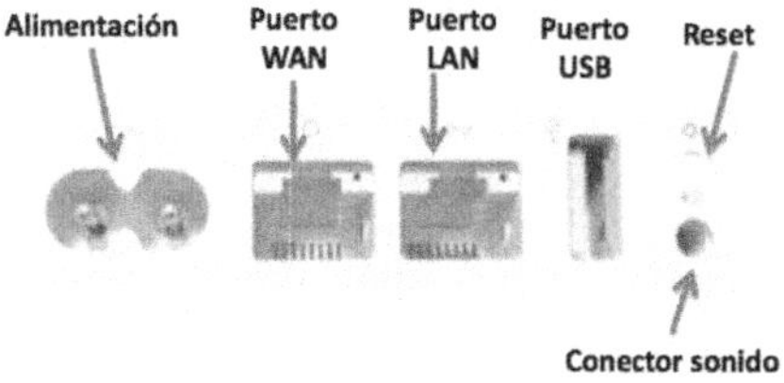

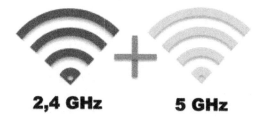

Figura 11.14. Conexiones del Airport Express. Cortesía de Daiji Hirata

Además del puerto WAN, se puede observar que dispone de un puerto LAN, por si se necesita conectar a la red algún dispositivo mediante un cable Ethernet, de un puerto USB, para conectar una impresora y poder compartir la impresora en la red, y de un conector de sonido para poder conectar unos altavoces u otro sistema de sonido.

11.5.2 Doble banda simultánea 802.11n

2,4 GHz   5 GHz

Figura 11.15. Wi-Fi en doble banda simultánea

No todos los dispositivos Wi-Fi trabajan en la misma frecuencia. Existen dos frecuencias para Wi-Fi. Una es la frecuencia de 2,4GHz y otra es la frecuencia de 5GHz. Muchos teléfonos, portátiles, tabletas, etc. trabajan en la frecuencia de 2,4GHz dado que su fabricación resulta más económica. El problema que tienen las redes de 2,4 GHz es que en áreas con alta densidad de población con muchas redes Wi-Fi, las interferencias y conflictos entre ellas suelen ser frecuentes. Hay que tener en cuenta que los móviles (incluso los microondas) trabajan en esta frecuencia y por lo tanto los problemas se van agravando. Todas estas interferencias implican una reducción de la velocidad de la red inalámbrica.

Por el contrario, las redes de 5 GHz son una solución a la saturación de las redes a 2,4 GHz. Existen más canales y la señal es mucho más limpia, además de ser mucho más rápidas. Estas redes tienen también limitaciones, por ejemplo, si la señal en tu casa tiene que atravesar varias paredes, la frecuencia de 2,4 es mucho más apropiada. Además, el rango de las señales de 5 GHz es mucho menor.

Recuerda

Cuanto mejor sea la señal Wi-Fi o más cerca del *router* se esté, mayor velocidad Wi-Fi se obtiene.

De los dispositivos Apple, por ejemplo, el iPhone 4S y modelos anteriores trabajan en la banda de 2,4GHz mientras que otros dispositivos como el iPhone 5, iPad o los Mac trabajan a doble banda (2,4 GHz y 5 GHz), con lo cual la velocidad es mucho mayor.

AirPlay. Reproducción de música *wireless*

AirPlay es la evolución de AirTunes y permite la reproducción de música sin cables a través de un dispositivo Airport Express.

Figura 11.16. Icono AirPlay

Mediante AirPlay es posible reproducir el contenido multimedia desde el iPhone, iPad o iTunes en otros dispositivos, como por ejemplo el Apple TV o unos altavoces conectados al Airport Express o Extreme.

Figura 11.17. Uso de AirPlay en un iPhone. Cortesía de Daiji Hirata

11.5.3 Servidor de impresión

El Airport Express puede funcionar también como servidor de impresión conectando una impresora al puerto USB. Es importante que la impresora conectada sea compatible. Antes de conectar cualquier impresora hay que verificar que sea compatible con Airport. Una vez conectada basta con configurarla y ya podrá utilizarse de forma inalámbrica.

11.5.4 Airport App y Airport Utility

Figura 11.18. Icono de Airport App

La aplicación Airport está disponible para dispositivos iOS como el iPhone o el iPad y también para los Mac. En los dispositivos iOS se necesita una versión

5.0 o superior, mientras que en los Mac se necesita una versión Lion 10.7.3 o superior.

Desde estas aplicaciones se pueden configurar tanto los Airport Express y Extreme como la Time Capsule.

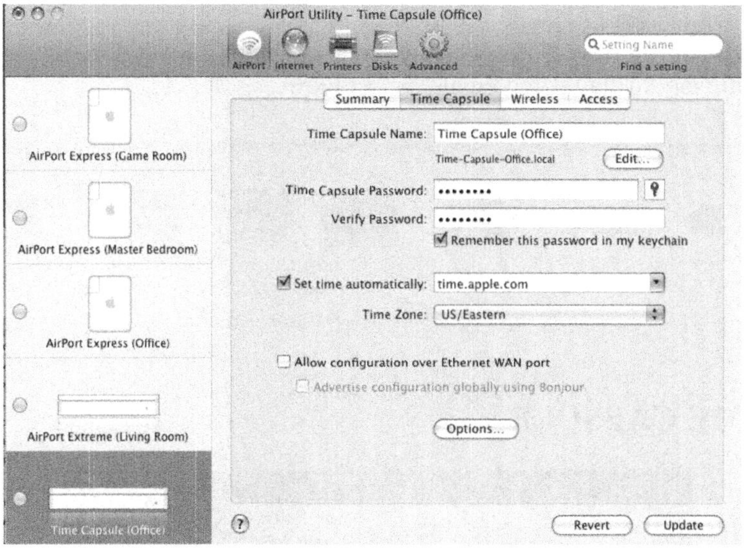

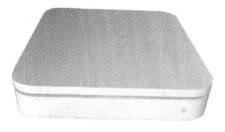

Figura 11.19. Aplicación Airport

11.6 AIRPORT EXTREME

Figura 11.20. Airport Extreme

El Airport Extreme es un dispositivo parecido al Airport Express pero pensado para lugares más amplios, como oficinas, casas grandes, aulas, etc.

Además, el Extreme está pensado para un uso más intensivo puesto que permite conectar hasta 50 usuarios a su red Wi-Fi, mientras que el Express estaba limitado a 10.

El puerto USB permite conectar una impresora o un disco duro, de esa manera se puede compartir el disco por la red Wi-Fi.

El inconveniente es que desaparece el conector de sonido y por lo tanto no se puede utilizar AirPlay como en el Airport Express.

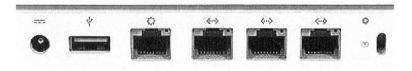

Figura 11.21. Puertos del Airport Extreme

11.7 TIME CAPSULE

Figura 11.22. Time Capsule. Cortesía de M. G. Siegler

La función de la Time Capsule es almacenar tanto *backups* como la información que se desee. Su aspecto externo no difiere mucho de un Airport Express o Airport Extreme.

La Time Capsule es un disco duro inalámbrico y a su vez una estación base Airport Extreme. Como ya se ha comentado, las estaciones Airport Extreme funcionan con tecnología 802.11a/b/g y n con lo cual el acceso *wireless* es a alta velocidad al trabajar a doble banda simultáneamente (2,4 o GHz de mayor velocidad). Por ejemplo, los iPhone o los iPod touch funcionan con la banda de 2,GHz; pero los iPad, el Apple TV y los nuevos Mac pueden trabajar con la banda 802.11n de 5 GHz, lo que hace que la velocidad Wi-Fi sea mucho mayor.

11.8 MAGIC TRACKPAD

Figura 11.23. Magic Trackpad

El Magic Trackpad es un periférico muy similar a los *touchpad* de los portátiles. Se conecta vía Bluetooth y utiliza la tecnología Multi-Touch de los MacBook Pro. La tecnología Bluetooth funciona de forma fiable cuando el dispositivo está cerca del receptor, pero a partir de 10 metros de distancia puede empezar a dar problemas. No obstante, este dispositivo, lógicamente, va a utilizarse casi siempre a menos de esa distancia.

Ofrece una variedad de gestos para poder interaccionar con el equipo, al igual que los *touchpad* del MacBook Pro pero con la diferencia de que el Magic Trackpad es mucho más grande. Puede utilizarse en equipos sobremesa y portátiles. El mismo dispositivo detecta cuándo no está siendo utilizado y se apaga directamente para ahorrar energía. Este dispositivo de encendido y apagado automático permite utilizar el Magic Trackpad durante meses sin necesidad de recargar.

11.9 CONECTORES MAGSAFE

Figura 11.24. Conector Magsafe. Cortesía de Thomas Benka

El conector MagSafe apareció en el año 2006 y es el conector de alimentación que actualmente utilizan los Macbook Air y Pro. La ventaja de este conector es que está acoplado magnéticamente al equipo; por lo tanto, si el cable sufre un tirón (lo cual ocurre de vez en cuando), este simplemente se desconecta sin que el equipo se caiga al suelo. También está diseñado para ofrecer mayor durabilidad.

El conector viene equipado con un indicador LED que informa si la batería del portátil está cargada (verde) o se está recargando (ámbar).

Existen conectores MagSafe y MagSafe2, además de adaptadores de MagSafe a MagSafe2. Ambos modelos son muy similares, con la diferencia de que el nuevo conector es más delgado y alargado.

11.10 EL CONECTOR LIGHTNING DE LOS IPAD E IPHONE

Figura 11.25. Conector Lightning (macho)

El conector Lightning es un conector creado en 2012 por Apple Inc. para sus propios dispositivos. El sucesor del conector de 30 contactos tan utilizado en iPod, iPad e iPhones. El cambio más significativo es que actualmente en vez de tener 30 contactos solamente tiene 8, lo cual lo hace mucho más pequeño y resistente. El problema con la salida de este nuevo conector en los iPhone 5, iPad de cuarta generación, iPad Mini e iPod Touch no solo es que no sigue ningún estándar (debería ser el Micro-USB), sino que todos los dispositivos creados para el antiguo conector de 30 contactos ahora se ven obsoletos (aunque existe un adaptador Lightning a conector de 30 contactos). Al igual que el antiguo conector de 30 contactos duró una década, este conector puede llegar a durar lo mismo.

Figura 11.26. Detalle del conector Lightning (hembra) de un iPhone 5

Los conectores de Apple tienen un chip de autenticación, lo cual hace más difícil para los fabricantes crear cables compatibles de este tipo. No obstante, desde el mismo año que aparecieron se empezaron a vender *docks* con chips craqueados.

ATAJOS DE TECLADO

A continuación se mostrarán algunos de los atajos de teclado más utilizados en Mac OS X. Ten en cuenta que los atajos que se muestran en este apartado son solamente un subconjunto muy pequeño del total.

A continuación se muestran las teclas más utilizadas en los atajos:

SÍMBOLO	DESCRIPCIÓN	TECLA
⌘	TECLA COMMAND	
^	TECLA CONTROL	
⌥	TECLA OPCIÓN (ALT)	

⇧	TECLA SHIFT (MAYÚSCULAS)	
⇪	TECLA BLOQUEO MAYÚSCULAS	
FN	TECLA DE FUNCIÓN	
	TECLA DE EXPULSIÓN DE DISCO	

En la siguiente tabla se muestran las combinaciones de teclas del sistema más generales:

TECLAS O COMBINACIÓN DE TECLAS	ACCIÓN QUE REALIZA
MANTENER PULSADO EL BOTÓN DE ENCENDIDO	APAGA EL EQUIPO
COMMAND+CONTROL+ENCENDIDO	REINICIA EL SISTEMA
CONTROL + TECLA DE EXPULSIÓN DE DISCO	MUESTRA EL DIÁLOGO DE REINICIO, SUSPENSIÓN Y APAGADO
COMMAND + ALT + TECLA DE EXPULSIÓN DE DISCO	PONE EL EQUIPO EN SUSPENSIÓN
COMMAND + CONTROL + TECLA DE EXPULSIÓN DE DISCO	CIERRA TODAS LAS APLICACIONES (DÁNDOTE OPORTUNIDAD DE SALVAR LOS CAMBIOS) Y LUEGO REINICIA EL EQUIPO

COMMAND + ALT + CONTROL + TECLA DE EXPULSIÓN DE DISCO	CIERRA TODAS LAS APLICACIONES (DÁNDOTE OPORTUNIDAD DE SALVAR LOS CAMBIOS) Y LUEGO APAGA EL EQUIPO

En la siguiente tabla se muestran las combinaciones de teclas más usuales del Finder:

TECLAS O COMBINACIÓN DE TECLAS	ACCIÓN QUE REALIZA
COMMAND + A	SELECCIONA TODOS LOS ÍTEMS DE LA VENTANA (O DEL ESCRITORIO SI NO HAY UNA VENTANA DEL FINDER ABIERTA)
COMMAND + ALT + A	DESELECCIONA TODOS LOS ÍTEMS
COMMAND + SHIFT + A	ABRE LA CARPETA DE APLICACIONES
COMMAND + C	COPIA EL ÍTEM O EL TEXTO AL PORTAPAPELES
COMMAND + V	PEGA EL ÍTEM O EL TEXTO DEL PORTAPAPELES
COMMAND + X	CORTA EL ÍTEM O EL TEXTO AL PORTAPAPELES
COMMAND + SHIFT + C	ABRE LA VENTANA DE "EQUIPO"
COMMAND + D	DUPLICA EL ÍTEM SELECCIONADO

COMMAND + SHIFT + D	ABRE LA VENTANA ESCRITORIO
COMMAND + SHIFT + G	OPCIÓN "IR A" DEL FINDER
COMMAND + SHIFT + H	ABRE LA CARPETA PERSONAL DEL USUARIO LOGEADO
COMMAND + M	MINIMIZA LA VENTANA
COMMAND + ALT + M	MINIMIZA TODAS LAS VENTANAS
COMMAND + N	ABRE UNA NUEVA VENTANA DEL FINDER
COMMAND + W	CIERRA LA VENTANA ACTUAL
COMMAND + ALT + W	CIERRA TODAS LAS VENTANAS
COMMAND + Z	DESHACER

Las siguientes combinaciones de teclas son de uso general y de las aplicaciones:

TECLAS O COMBINACIÓN DE TECLAS	ACCIÓN QUE REALIZA
COMMAND + SHIFT + TABULADOR	MUESTRA UNA LISTA DE LAS APLICACIONES ABIERTAS (ORDENADAS POR SU USO MÁS RECIENTE) Y SE PUEDE NAVEGAR POR ELLAS Y SELECCIONAR LA QUE SE QUIERA
COMMAND + TECLA "-"	DECRECE EL TAMAÑO EL ÍTEM SELECCIONADO
COMMAND + TECLA "="	AUMENTA EL TAMAÑO EL ÍTEM SELECCIONADO

COMMAND + TECLA "?"	ABRE LA AYUDA DE LA APLICACIÓN EN EL VISOR DE AYUDA
COMMAND + SHIFT + 3.	CAPTURA LA PANTALLA A UN FICHERO
COMMAND + SHIFT + CONTROL + 3	CAPTURA LA PANTALLA AL PORTAPAPELES
COMMAND + SHIFT + 4	CAPTURA UNA PARTE DE LA PANTALLA (SELECCIONADA) A UN FICHERO
COMMAND + SHIFT + CONTROL + 4	CAPTURA UNA PARTE DE LA PANTALLA (SELECCIONADA) AL PORTAPAPELES
COMMAND +C COMMAND + V COMMAND + X	COPIAR PEGAR CORTAR
COMMAND + ALT + C	COPIA EL ESTILO DEL TEXTO SELECCIONADO
COMMAND + CONTROL + C	COPIA LAS OPCIONES DE FORMATO DEL ÍTEM SELECCIONADO AL PORTAPAPELES
COMMAND + ALT + D	MUESTRA U OCULTA EL DOCK
COMMAND + CONTROL + D	VISUALIZA LA DEFINICIÓN DE LA PALABRA SELECCIONADA EN LA APLICACIÓN "DICCIONARIO"
COMMAND + F	BUSCAR. ABRE LA VENTANA U OPCIÓN DE BÚSQUEDA

COMMAND + H	OCULTA LA VENTANA DE LA APLICACIÓN EN EJECUCIÓN
COMMAND + M	MINIMIZA LA VENTANA ACTIVA AL DOCK
COMMAND + N	CREA UN NUEVO DOCUMENTO
COMMAND + P	MUESTRA EL DIALOGO DE IMPRIMIR
COMMAND + Q	CIERRA LA APLICACIÓN ACTIVA
COMMAND + S	SALVA EL DOCUMENTO O FICHERO ACTIVO
COMMAND + SHIFT + S	VISUALIZA EL DIÁLOGO "SALVAR COMO"
COMMAND + ALT	APLICA EL ESTILO DE UN OBJETO AL OBJETO SELECCIONADO
COMMAND + Z	DESHACER
COMMAND + ALT + ESCAPE	FORZAR LA SALIDA DE LA APLICACIÓN
COMMAND + SHIFT + ALT + ESCAPE (MANTENIDO DURANTE 3 SEGUNDOS)	FUERZA LA SALIDA DE LA APLICACIÓN CON USO MÁS RECIENTE

ÍNDICE ALFABÉTICO